U0142635

科技法制的十八堂課

財團法人資訊工業策進會
科技法律研究所———編著

推薦序

經濟部技術處處長

羅達生

　　科技研發能力之良窳對於國家的競爭力與未來發展至關重要，尤以對於一個面臨高度開發之工商業社會，科學技術的進步乃國家發展之重要推力，更與國家安全與產業競爭力息息相關。

　　然而，產業科技研發除了科學技術不停推動的研究發展工作外，對於科技研發成果的保護法制也極為重要，我國法規的鬆綁或嚴謹，受到國內外的技術保護脈動有著一定程度的交互影響。因此，本部委託財團法人資訊工業策進會科技法律研究所針對各不同技術領域及各國在科技推動法制方面進行掃描、觀測，以洞悉國際科技法制的趨向。

　　「科技法制的十八堂課」收錄了科學技術保護的法制、科學技術的應用領域及特定科技法律議題等內容，呼應當前政府連結未來、連結全球、連結在地的創新政策，以「前瞻

未來脈絡」、「放眼國際動向」、「結合在地優勢」三個章節，由遠而近，從宏觀到微觀的體系架構，帶領讀者了解科研法制創新所在，並期待能夠帶動我國創新研發之嶄新風貌。

第一部分「前瞻未來脈絡」是嘗試掌握下一世代的產業發展，找出台灣的優勢以及可發展之方向，規劃出具有前瞻性的研發創新計畫；第二部分「放眼國際動向」指的是依據規劃的策略性產業，篩選出先進國家研發資源整合及運用的創新方式，如：美國、德國、日本等先進技術國家結合國家區域特質所進行之創新產業聚落做法，引領讀者與台灣從各領域之創新活動作制度上、方法上的連結；第三部分「結合在地優勢」則是將國際進行研發設施設備等兼具有固定性及活用性的研發資源活用，以及具有特定時間與空間性的創新研發實驗法制，進一步引領讀者回顧我國可能優勢所在。

本書除了循序介紹科學技術法制的發展趨勢，更透過比較各國科技保護之法制規定、實務運作等，蒐集並歸納出可能適用於我國的法律制度參考。書中各篇章內容論述詳實，體系架構分明，具備實務及理論之佳論，深信對於研讀科技法律之學子、實務工作者等皆具實益。

推薦序 ▷

財團法人資訊工業策進會執行長

劉師明

　　近年來全球產業發展趨勢大多聚焦在先進的創新製造領域中，科技創新及智慧製造與人們的生活息息相關，儼然已成為新型態的創新產業生態。為因應全球創新產業的競爭，各國科技發展趨勢大多聚焦在創新與智慧製造領域，期盼能在創新製程技術之上有所突破、搶占先機，並在智慧科技的浪潮下，為全球製造產業帶來新風貌。

　　本會作為資訊工業的推手，近年來朝向平台式法人轉型，在法人轉型以進行功能優化的關鍵過程中，本會重要特色之一則是設有「科技法律研究所」團隊，進行科技法制的研究與整備，參與政府科研創新的法制建構。本書由科技法律研究所整理成「科技法制的十八堂課」，針對科學技術及研發成果法制進行了廣泛且深入的國際法制趨向介紹與研究，提出省思之道，給予純技術研發思想以外的另一種研究

思考啓發。

　　「科技法制的十八堂課」的內容分為三大分支架構，將「產學研鏈結法制、創新採購之措施、國際科技前瞻法制趨勢、科研補助機制、國際科技研發政策、標準必要專利法制、區域經濟整合趨勢法制、技術輸出及保護法制研析、跨境投資與營業秘密之保護」等內容分別納入「前瞻未來脈絡」、「放眼國際動向」以及「結合在地優勢」，針對台灣、美國、加拿大、德國、歐盟、日本、韓國、新加坡、印度、中國等各國法制進行研究。

　　科學技術在競爭激烈的世代發展神速，但不論是科學技術的研發，抑或是研發後的成果保護及運用，在科學技術的各個發展階段中，皆極其重要。本書透過各國法制的比較詳加論述，引介法規之立法背景、內容、法制研析，呈現多元面貌，希冀能對科技法律有興趣者有所助益。

推薦序

財團法人資訊工業策進會科技法律研究所所長

蕭博仁

隨著經濟及社會等快速發展，進而衍生許多新興的科技議題與挑戰，各國均透過科技創新尋求更有效的解決方案。科技創新是經濟發展的關鍵，為了協助產業轉型與升級，各國積極投入創新研發活動，為國家尋找未來發展方向。推動產業創新、轉型與加值是今日高科技環境下維持長期競爭優勢的必要手段。如何活化智財運用、健全創新投資環境是政府強化產業創新之要務，企業在全球市場創新、競爭之際，對於國際環境中各項動態資訊的掌握尤其重要，特別是各國的法制環境迴異，往往令業者顧此失彼。對產業而言，先進的法律可以是引領科技產業發展更積極穩定的力量，落後的法律也可能是阻礙產業進步的絆腳石。產業在追逐技術進步的同時，了解法令制度的現狀與趨勢，使之成為產業的保障與助力而非風險與阻礙，也是甚為重要之事。

為此，資策會科法所在科技法制系統與創新服務上進行了許多的嘗試與努力，並致力於成為科技法律領域之國家智庫，期許能夠成為建構科技法律領域的動力，推動我國科技產業蓬勃發展。本書乃是本所執行經濟部科技專案的重要成果，面對風起雲湧的產業創新及全球科技法制議題，本書特別從法律觀點，對全球科技產業態勢進行深入觀察與研析，相信能夠為國內產業發展帶來全新的啓發與創新思維。在本書中，將分別透過「前瞻未來脈絡」、「放眼國際動向」、「結合在地優勢」等三個篇章，以法律觀點對全球科技發展重要國家之科技法制典範進行介紹與分析。他山之石可以攻錯，外國立法例及運作機制或許可供我國在建立科技產業之法制環境上作為參考。雖多有疏漏，許多觀點尚未成熟，仍請諸位先進予以批評指教。

目錄
CONTENTS

推薦序

Part1　前瞻未來脈絡

1　導讀——脈絡綜覽 / **003**

2　美、日、韓產學研鏈結資金與人力措施簡析
　/ **007**

3　自由的天空？無人機發展之法制芻議 / **021**

4　讓採購也帶著創新！從對話開始做起！
　——以德國創新採購為例 / **035**

5　淺談以色列挑戰式招標創新採購 / **051**

6　韓國科技前瞻與科研政策形成措施與制度介紹
　/ **063**

Part2 放眼國際動向

7 創新研發聚落與 PPP

　　──以芬蘭、德國研發推動經驗為例 / **079**

8 公私夥伴研發創新

　　──以荷蘭與日本經驗為核心 / **099**

9 歐盟及中國大陸之研發基礎設施整合機制 / **113**

10 國際促進研發政策工具施行經驗法制分析

　　──美國、英國及加拿大創新夥伴計畫之研發

資源連結與運用為核心 / **123**

11 標準必要專利法制發展及對應策略 / **139**

12 產學研鏈結成果最適運用機制之法制研析

　　──以中國大陸、日本及丹麥重要措施及法制

為例 / **155**

13 日本《科學技術基本法》架構與功能初探 / **169**

Part3　結合在地優勢

14　技術輸出與保護法制研析
　　──以兩岸三地法令規範為例 / **183**

15　跨境投資與產業技術保護法制研析
　　──日本與韓國之立法趨勢 / **195**

16　科技研發人才策略
　　──以歐盟及日本科技人才政策措施為借鏡
　　/ **211**

17　法規調適與監理沙盒
　　──日本產業競爭力強化法之觀察 / **225**

18　研發設施設備共享促進機制之法制研析 / **237**

Part 1

前瞻未來脈絡

1 導讀
——脈絡綜覽

編輯群

　　根據經濟部「2016/2017 產業技術白皮書」，就產業創新策略而言，強調以「三個連結」打造「五大創新研發計畫」。「三個連結」分別是「連結未來、連結全球、連結在地」，以此「三個連結」為準則，致力於推動涵蓋綠能科技、物聯網、生技、精密機械、國防產業等策略性產業，希望透過這「五大創新研發計畫」，激發產業創新風氣和能量，進而帶動產業的全面升級轉型。為了達成這個目標，我國產業政策一直以來透過研發補助、投資／研發租稅減免和產業輔導為主要的工具。近年更興起「超越追趕」（Post Catch-up）的理論思辨，必須對不同於經濟與產業追趕時期的創新系統運作和議題，重視和分析創新單位間的關係、制度安排和運作原則、創新主體和外界環境的互動等。

　　為此，在經濟部科專機制調整驅動法人革新的三大方向，分別為（一）科技突破與商業模式創新並進；（二）研發法人優勢互補與跨單位專業分工；（三）科專規劃與考評機制的調

整；爲了導向最具前瞻的科技發展，以建立產學研人才交流的正向循環機制，鼓勵法人研提具前瞻性的研發計畫，並藉由大型科研計畫來將各單位的優勢整合以及專業分工，進而創造研發成果外溢效果爲目標。本書透過觀測芬蘭、德國、荷蘭、日本科研補助機制的再造爲例，輔以美國、歐盟、日本、中國大陸促進研發資源連結與運用的經驗，盤點分析政府挹注資金提升產業技術能力的作法，如何將資金與人力措施加以鏈結。同時，旁及激勵研發人力資源投入創新活動、產學研成果最佳運用機制、甚或是共享概念下政府補助購置之研發設施設備，如何進一步共享促進資源使用效率等議題。

此外，觀察國際發展趨勢，近年歐盟推動創新政策一大特色是強調「需求導向」和「挑戰導向」的政策改革重點，例如歐盟對於架構計畫的委辦徵求過程，要求提案需能針對社會挑戰提供解決問題的創新成果，透過技術應用與創新，進行跨領域系統性整合，而非只是發展特定技術。因此，包括聯合國、OECD、歐盟等組織，陸續以「挑戰導向創新」（Challenge-driven Innovation），甚至強調「社會挑戰」（Societal Challenge）作爲當前的創新政策重大方向，形成政府創新採購政策或整個體系的大幅度調整。

相對於由於過去國內產業發展以代工爲主，缺乏國際品牌及未能掌握核心關鍵技術與零組件，在面對劇烈的國際競爭與受制於國際品牌大廠控制時，主力產業面臨極大轉型壓力與成長挑戰。對此，以「產業調整」、「高值創新」與「節能減

碳」強化產業發展體質、建立產業競爭的核心能耐與促進能源及環境的永續發展，甚至於可融入國際上「需求導向」和「挑戰導向」的政策改革內容。藉由高值化研發掌握價值鏈之關鍵技術，或開發創新的服務加值模式，切入高端產品應用市場，亦為我國強化產業創新發展之重點方向。

因此，本書在前瞻科技趨勢分別探討各國無人機法令發展與國際科技前瞻法制趨勢，也配合國內金融科技創新實驗條例草案所興起的實驗場域概念之議題，介紹日本《產業競爭力強化法》中針對創新事業活動消弭法制灰色地帶，並提供企業實證特例制度等友善創新活動的機制。同時針對歐盟需求導向中最重要的創新採購機制，特別挑選德國為例進行介紹。在技術研發所涉的議題中，基於今年跨國實務案件涉及到標準必要專利的重要案件發展進行法制發展及對應策略的探討。同時，針對國際間技術競爭激烈，為了防範技術輸出與保護，基於地緣考量以香港及中國大陸為例進行介紹。此外，針對跨境投資取得技術的案例層出不窮，除了國內紫光案外，國外亦有像德國生產工業用機器人的庫卡（KUKA）集團為中國美的集團併購的案例，因此就日本跨境投資技術保護最新的《外國匯兌暨外國貿易管理法》與營業秘密最新發展提供分析和討論。

規劃良善的科技法律不僅止於輔助創新，並且能引領創新。本書整理各國科研創新法制新訊，是從事科研相關人員不可或缺的十八堂必修課！

2 美、日、韓產學研鏈結資金與人力措施簡析

陳世傑、王怡婷、盧怡靜

一、前言

在研發創新活動中投入產業技術研發計畫之資金、人員以及進行研究所使用之設施設備，往往是左右技術研發效益的重要因素。然而，同時在深化產學研合作之政策目標下，研發資金、研發人員及設施設備等多元資源之連結與產出運用，應如何使研發成果效益最大化，即涉及產學研三方在合作關係中所扮演的角色定位以及各應遵守之法令要求，進而使研發資源之多元挹注，在深化產學研合作進行資源整合之相關議題中更顯得複雜。

二、日本促進產學研鏈結法制及政策

在促進深化產學研合作之國際事例上，以亞洲先進國家為例，日本在其產業再興計畫有關推動科學技術創新方面，主

要仰賴專精於各特定研發領域之獨立行政法人。以下介紹日本「Innovation Hub」與「A-STEP」之推動方式：

（一）日本國立研究開發法人（Innovation Hub）

日本政府為促進國立研究開發法人之機能強化，扮演研究能力及人才培養強化之中心據點所必要的角色，開始在各國立研究開發法人之下建構不同研發領域之「Innovation Hub」，日本政府除投入國立研究開發法人之營運補助金以及自有資金外，併同經由國立研究開發法人科學技術振興機構協助辦理補助款項之撥付。國立研究開發法人能以兩個目標持續發展：第一，促進各國立研究開發法人所設定主題之相關人才流動，建立不同領域人才之交流與聚合之場所。第二，超越以往之獨立行政法人之相關功能，建立日後從事創新研發之開放創新據點[1]。

（二）日本研發成果最適展開支援事業計畫（A-STEP）

日本國立研究開發法人科學技術振興機構（Japan Science and Technology Agency, JST）的研究成果最適開展計畫A-STEP（研究成果最適展開支援プログラム A-STEP），內含兩大階段共九種類型，其階段區分是指研究進行之階段，一階段為可行性研究階段（Feasibility Study Stage, FS Stage），另一為正式研究開發階段（Full-scale R&D Stage）：前者著重於研究成果的開發可行性探索並初步嘗試將研發成果產業化運用；後者

則是將已經有產業化潛力的研究成果，以七種類型提供應用協
助，包括高風險的嘗試以及各種實用化的挑戰。以下分別介紹
之。

1. 可行性研究階段

　　可行性研究階段主要以未來能夠發展至正式研究開
發階段爲目標，進行技術移轉的可能性驗證（Verification
of Potential），檢驗種子技術（Seeds）是否符合企業需求
（Needs），並以此爲創業基礎之可能性。可行性研究階段區
分爲兩種類型：探索性研究（Exploratory Research）及種子技
術驗證（Seeds Validation），前者仍爲初步的研究領域探索，
嘗試有無發展可能性；後者則加入企業觀點，共同挖掘符合企
業界需求的種子技術[2]。

表 2.1 JST A-STEP 可行性研究階段補助計畫表

類型名稱	探索性研究	種子技術驗證
目的	促進大學與其他研究單位的科技協調員進行溝通與交流，自基礎性研究中探索有無技術轉移之可能性，在支援研究開發的成果早日實用的同時促進合作	站在產業界的觀點，發掘前景看好的候選種子技術，由產學界共同研判是否符合企業界的需求而能發展成為種子技術
申請人要件	須由大學等研究單位和科技協調員共同申請，或由大學等研究單位的研究員根據科技協調員之意見提出申請	須由大學等研究單位和企業共同申請

開發期間 （原則上）	最長 1 年	最長 1 年
開發總額 （含間接經費）	原則上 170 萬 （最高 300 萬）	原則上 800 萬 （最高 1,000 萬）
	JST 補助	

資料來源：http://www.jst.go.jp/tt/EN/promoTechTransInnovation.pdf.

2. 正式研究開發階段

　　正式研究開發階段之目的是種子技術的實用化，因此業界與學界雙方共同投入研發不再是僅止於產業化可能性驗證，而是直接進入實用性驗證（Verification of Practicality），甚至是實證測試（Verification Testing）的程度，如此研發成果將逐步邁向產業化運用。實用性驗證包含創業投資（Start-up Venture）、青年創業（Young Entrepreneur）及種子技術育成（Promoting R&D）；實證測試則有中小企業暨新創公司研發（Development by SME Start-up）、藥物開發（Drug Development）、委託開發（Contract Development）三種類型；高風險挑戰（High-risk Challenge）則兼具兩種特性。

表 2.2 JST A-STEP 正式研究開發階段補助計畫表

類型 名稱	創業投資		高風險挑戰	種子技術育成
		青年創業		
目的	以大學等研究單位的種子技術作為基礎，支援高成長創投企業的研究開發	支援具有創業意願的青年研究員，將自有研究成果以實用化為目標進行研究開發	支援研究開發高風險研究主題，包含實用性驗證到實證測試	支援建構核心科技的研究開發，以進行實用性驗證為主

申請人要件	研究單位的研究員、創業者、創業支援機關三方共同申請	研究單位的青年研究員及同機關內的創業支援機關（如大學）	企業及研究單位的研究員	企業及研究單位的研究員
開發期間（原則上）	最長 3 年	最長 3 年	最長 3 年	最長 4 年
開發總額（含間接經費）	上限 1 億 5,000萬，創業支援經費上限 1,500萬	上限 4,500 萬，創業支援經費上限 300 萬	上限 6,000 萬	上限 2 億
	JST 補助		JST 與企業共同出資	

資料來源：http://www.jst.go.jp/tt/EN/promoTechTransInnovation.pdf.

三、韓國促進產學研鏈結法制及政策

（一）韓國《技術研究組合培育法》

韓國為促進產業技術合作研發，自 1986 年即制訂《技術研究組合培育法》（Industrial Technology Research Cooperatives Support Act，以下簡稱韓國《研究組合法》[3]），最近一次修正則於 2013 年，加入了「優先採購」等條款。韓國的技術研究組合制度，應是發自日本技術研究組合[4]，而有制度上的異曲同工之處。與日本技術研究組合不同，韓國技術研究組合除具有法人格以外，並依法明文規定其必須為「公司」[5]，且必須

於公司名稱中載明為技術研究組合[6]。韓國技術研究組合之設立採許可制，應備置相關資料向韓國未來創造科學部申請許可設立[7]。在組織上之特點，韓國技術研究組合必須以產業技術發展為目的，其組成員得自由決定加入或退出，惟組成員的投票權應歸一律，不得為某一特定成員的利益而研發[8]。單純參與研發，而並無直接或間接進行成果運用者，不能加入技術研究組合。為有效管理研究組合，監督其研究效能，韓國《研究組合法》規定，主管機關得適時對研究組合進行業務查核[9]，並且研究組合有義務每年提交成果運用與財務報告[10]。

（二）韓國支持女性科技人才條例

在國家研發能力的促進機制上，除多數國家對資金、設備、人才等推進政策以外，韓國另特別立法就女性科技人才的培養與實質研發活動參與進行規範。

韓國為養成、活用女性科技人才並建立相關支援方案，使女性科技人才得以充分發揮其資質和能力，強化女性科技人才力量及貢獻國家的科技發展，特制訂《支持女性科技人才條例》（Act On Fostering and Supporting Women Scientists and Technicians[11]）及總統執行令（簡稱總統令）。茲就該法及總統令相關重要內容，敘述如下：

1. 女性科技人員之定義 [12]

本法所稱之女性科技人員為理工及科學技術領域之研究職、技術職或從事於相關職務之女性，並符合任一下述之資格即屬之：

(1)依《高等教育法》第29條第1項取得大學、產業大學、專科大學、遠距大學及技術大學科學技術領域學位者。

(2)依《高等教育法》第30條取得科學技術領域之碩士學位者。

(3)依《勞工職能開發法》第2條第5款取得與科學技術領域相關之技職大學學歷者。

(4)依《國家技術資格法》第9條第1項第1款的產業技師或與此同等資歷以上資格取得之女性；或其他經主管機關認證視為同等學位或資歷之女性者。

2. 應設立培育女性科技人員培育及支援之相關發展規劃

(1)政府為有效達成本法目的，應設定女性科技人員之育成及支援相關之中、長期政策目標及方向，並建立及推行女性科技人才的育成及支援相關基本計畫。

(2)教育科學技術部部長依照總統令規定，對於相關中央行政機關首長及縣市首長所訂定之女性科技人員育成及支援相關計畫及方案彙整，每五年研提全國女性科技人才培育之基本計畫。

(3)基本計畫完成後移交由韓國《科學技術基本法》第9條

所設立之國家科學技術委員會審議。

　　⑷相關中央行政機關的首長及縣市首長在建立女性科技人員的育成及支援相關計畫及方案時，須依照前述中、長期政策目標及方向。

四、美國促進產學研鏈結法制及政策

（一）美國 I/UCRC 產學合作聚落

　　美國產業與大學合作研究中心（Industry/University Cooperative Research Centers, I/UCRCs）源於美國國家科學基金會（National Science Foundation, NSF）給大學的小型合作補助款，簡稱 I/UCRC 產學合作聚落。是以具潛力與特色的大學研究團隊，若獲得企業的支持與其所屬或多所大學同意，可向 NSF 工程局（Directorate for Engineering, ENG）IIP 計畫提出申請案；申請獲准後，NSF 藉由資金補助扶助產學合作研究中心的建立，發展產學之長期夥伴關係。

　　在組織型態上，I/UCRC 由研究單位（Organized Research Unit）、產業聯盟（Industrial Affiliates）和研發聯盟（R&D Consortia）共同組成。透過該組織之特殊型態，提供跨學科教育、進行符合產業需求之基礎研究、鼓勵企業投資研究與大學教育，以達成學界研發成果多元化運用之目的。I/UCRC 有兩種運作模式：單一產業研發中心與跨校性產業研發中心。所謂的單一產業研發中心係由一所大學與幾家企業聯合構成單

一有限之合作關係，而跨校性產業研發中心則由多所大學與多家企業共同組成研發中心。而爲促進研究中心內的產學對話，I/UCRC 內設有「產業諮詢委員會」（Industrial Advisory Board），由不同公司代表組成，主要是向產業部門提供如研究項目選擇、評估，以及中心的戰略規劃、政策制定等各個方面的諮詢服務。產業部門廣泛參與研究規劃和評審，促使研發成果可以直接向產業部門轉移。一般而言，I/UCRC 的行政事務主要由中心總監（Center Director，多由大學高階主任擔任）負責處理，而戰略性事務如研究項目的規劃、項目的選擇等，則必須透過與產業諮詢委員會共同協議之。[13]

（二）美國人員交流及借調計畫（IPA）[14]

美國人員交流及借調計畫係依據美國《政府間人員交流法》（Intergovernmental Personnel Act, IPA）所執行，使聯邦政府機關與州政府、公私立大學與學院、聯邦政府資助研究機構以及政府直接或間接管理之民間非營利組織間，進行研究人員交流之機制。經核定人員交流計畫之單位，其相關人員薪資與福利支出可由政府負責支應。以 NSF 爲例，其執行 IPA 機制，要求申請單位負擔百分之十的薪資與福利支出[15]。

除 NSF 外，美國聯邦政府機關各自依照 IPA 推動其人員交流借調計畫，包括聯邦政府人力資源辦公室（U.S. Office of Personnel Management, OPM[16]）、能源部（U.S. Department of Energy[17]）、國家退伍軍人研究與教育基金聯盟（National

Association of Veterans' Research and Education Foundation）等，都依其機關任務，而需要活用此一機制，可見此等人員交流借調機制應相當具有效益。

美國《政府間人員交流法》在 1970 年制訂，最近在 1997 年修正，主要加入兩點修正，包括人員交流借調計畫執行機關應負責認證相關申請單位（即將來聯邦人員進駐單位）符合計畫資格（修正前此一認證工作由 OPM 統一負責）。其次，計畫執行機關不需再向 OPM 提交人員交流的契約內容，而由 OPM 另建置資訊管理系統以利執行效率[18]。

適用人員範圍上，IPA 機制依照 IPA 計畫管理規定，四類人員不包括在可交流之人員之內，包括：1. 各聯邦或州政府雇員中，約聘或非責任制、計時人員等；2. 各聯邦或州政府民選官員；3. 職業軍人及公共衛生與國家海洋及太空事務所指定業務之特許公司人員；4. 專案從事研究者或大學院校助教等人員[19]。

關於借調交流期間，最長可達兩年，並可為全職或兼職或間歇性工作。若對交流組織雙方有益者，受申請聯邦機關得延長超過二年之期限。在薪資福利等費用支出上，IPA 允許聯邦與人員交流機關雙方協商負擔比例，聯邦政府得負責支應全部、部分或完全不支付相關費用。所稱相關費用包括基本與附加工資、附加福利、差旅及回任等支出。在大學的雇員所用於提供私人諮詢服務的工作，可被認為其學術津貼。特別是該大學雇員執行職務上諮詢工作在指派交流期間是不連續的，該雇

員因執行諮詢工作之收入，得被視為他個人的學術津貼。機關
與申請單位間的成本負擔依其所獲得利益比率定之 [20]。

最後，因為交流計畫而涉及的資訊安全與利益衝突規範
上，IPA 規定民間交流至聯邦機關人員，應遵循與聯邦雇員相
同的倫理規範，如：不得收受政府給予以外之任何利益、為有
害政府利益之行為、收受政府以外單位給予薪資或其他利益、
要求政治獻金、侵占公款或公物、洩漏機密資訊、向民間進行
捐款遊說等。非聯邦政府雇員（Non-Federal employees）所應
遵循之《政府倫理法》（Ethics in Government Act of 1978），
因 IPA 未排除其適用，故交流人員亦應一併遵循之 [21]。

五、代結論：各國促進研發資源鏈結與運用之特色作法

（一）設立鏈結性中介機構

產學研之鏈結機制上，以設立鏈結性中介機構達成三方交
流合作，根據本文觀察為國際已有先例之作法。本文並認為可
再分為二個次類：分別為第一，以共同合作研發為目的之組織，
如日本 Innovation Hub 以及美國 I/UCRC 產學合作聚落，此種
較類似我國推動中的產學研鏈結中心。第二，日本 A-STEP 與
韓國技術研究組合，其研究之目的以成果運用於創新創業為目
標，並透過補助機制設計（例如：分階段分目標補助）以篩選
計畫朝向企業（市場）需求之技術研發導向。

（二）人員交流活化機制

　　人員之流動是最直接造成知識交流效益的方式，美國人員交流及借調計畫即屬此類，而韓國支持女性科技人才條例則是制訂專法，確保女性科技人才的教育與投入。

　　結合以上二大機制，再就機制所著重之產學研鏈結合作效益為出發點，朝向四個面向發展其促進產學鏈結之推動措施：1. 彈性、多階段科研資金補助；2. 著重研發法人及人員交流；3. 完善研發環境及專法之設立；4. 產學結盟加值運用。

注釋

1. Japan Innovation Network , https://ji-network.org/en/ (last visited April 15, 2017).

2. Japan Science and Technology Agency, A-STEP 制度概要，http://www.jst.go.jp/a-step/outline/index.html (last visited April 15, 2017).

3. Industrial Technology Research Cooperatives Support Act, http://elaw.klri.re.kr/eng_mobile/viewer.do?hseq=31471&type=part&key=18 (last visited April 15, 2017).

4. 日本技術研究組合簡介參見日本經濟產業省網頁，http://www.meti.go.jp/policy/tech_promotion/kenkyuu/01.html。

5. Industrial Technology Research Cooperatives Support Act, Article 2.

6. Industrial Technology Research Cooperatives Support Act, Article 4.

7. Industrial Technology Research Cooperatives Support Act, Article 8.

8. Industrial Technology Research Cooperatives Support Act, Article.3.

9. Industrial Technology Research Cooperatives Support Act, Article 17.

10. Industrial Technology Research Cooperatives Support Act, Article 16.

11. Act on Fostering and Supporting Women Scientists and Technicians, http://www.moleg.go.kr/english/korLawEng;jsessionid=ocaACWGdZzrq4SwbiNqw5m3u3m4oWD9SRWPzaJM0Kii24iLsQ1oGVapr4yzFoSaG.moleg_a2_servlet_engine2?pstSeq=52170&brdSeq=33 (last visited April 15, 2017).

12. Act On Fostering and Supporting Women Scientists and Technicians, Article 1、總統令第 2 條。

13. NSF, Industry/University Cooperative Research Centers Program (I/UCRC), https://www.nsf.gov/funding/pgm_summ.jsp?pims_id=501017 (last visited April 15, 2017).

14. National Science Foundation, Intergovernmental Personnel Act (IPA) Assignments, https://www.nsf.gov/careers/rotator/ipa.jsp (last visited April 15, 2017).

15. Id.

16. OPM 交流計畫請參見：https://www.opm.gov/policy-data-oversight/hiring-information/intergovernment-personnel-act/ (last visited April 15, 2017).

17. 能源部交流計畫請參見：https://www.directives.doe.gov/directives-documents/300-series/0321.1-DManual-1/@@images/file (last visited April 15, 2017).

18. Provisions of the IPA Mobility Program, https://archive.opm.gov/programs/ipa/mobility.asp# (last visited April 15, 2017).

19. Provisions of the IPA Mobility Program, Coverage, https://archive.opm.gov/programs/ipa/mobility.asp# (last visited April 15, 2017).

20 Provisions of the IPA Mobility Program, Reimbursement for Assignment, https://archive.opm.gov/programs/ipa/mobility.asp# (last visited April 15, 2017).

21. Provisions of the IPA Mobility Program, Standards of Conduct and Conflict-of-interest Provisions, https://archive.opm.gov/programs/ipa/mobility.asp# (last visited April 15, 2017).

3 自由的天空？無人機發展之法制芻議

林冠宇

一、無人機的天空

無人機隨著軟硬體技術的進展，得以從軍事用途轉換為民用，民用又大致上可區分為商業用途及娛樂用途。況且，無人機可在 3D 空間內操作，運用方式無遠弗屆；因此，商用價值潛力十足。然而，基於用途的差異，無論是無人機的體型、載重、設計結構或技術層次亦開始出現等級的區別。小型旋翼機可在視距內以手動模式飛行，適合空拍攝影或是短程輕量運輸，大型定翼機甚至可長時間滯空，且具備自主飛行能力，而有特殊用途的設計。

然而，看似無遠弗屆的天空並非是無人機可任意飛翔的場域。航空與飛行自萊特兄弟發明飛行器以來，無論是飛行器的技術領域規格或是飛行規約、駕駛訓練及資格等均已發展出嚴密的業界規範和政府法令體系。當研製無人機的產業不斷推陳出新的同時，無人機的應用也漸漸深入各種產業。各國政府此

時開始意識到領空中逐漸增加的無人機，也開始著重相關法令可能帶來的影響。在衡量產業創新的同時，為了飛航的安全以及無人機飛行特性所帶來的新問題，諸如隱私以及保險等，各國政府亦逐步建立起有關無人機之法令規範和操作指引等，使無人機得以在更健全的環境基礎上發展。

二、各國無人機法令進展

美國相當早就認識到無人機為產業所帶來的潛力，加上航空產業的發達與無人機技術的成熟，美國在 2012 年修正公布施行的《聯邦航空局現代化及改革法》（Federal Aviation Administration Modernization and Reform Act）即開始針對無人機，授權主管機關制定相關法令 [1]。美國聯邦航空局（Federal Aviation Administration）於 2016 年 6 月 21 日通過《商用小型無人機安全使用規範》（FAA sUAS PART 107: THE SMALL UAS RULE），並於 2016 年 8 月 29 日開始執行 [2]。

相較於美國，歐洲各國無人機法令主要建立在歐盟早期所奠定的基礎上，在 2012 年起組成歐洲無人機領導小組（The European RPAS Steering Group），於歐洲航空系統中制定可融入民用無人機的路線圖（Remotely Piloted Aircraft Systems Roadmap）[3]。該路線圖將分別於 2013 年、2018 年、2023 年和 2028 年分成四個階段完成。路線圖雖然將歐盟各國或組織的無人機飛航路線進行了協調統一，但為了進一步統一歐盟

各會員國無人機相關管理辦法，歐洲航空安全局（European Aviation Safety Agency）於 2015 年 7 月 31 日提出兩個關於無人機的法規方案：（一）無人機操作概念（Concept of Operations for Drones）；（二）歐盟無人機操作總則規範之制定建議（Proposal to Create Common Rules for Operating Drones in Europe）（A NPA 2015-10），總共有三十三項規章之修訂建議項目，包含適用於商業和非商業活動之無人機，此勢必影響歐盟會員國未來法制之發展[4]。

雖然英國即將完成脫歐程序，但仍然有受到歐盟早期規範的影響[5]。其無人機相關現行法令主要是來自於航空相關法規與一般法規的管制。但英國交通部（Department for Transport）於 2016 年 12 月 21 日提出幾項未來管制方案，開放公眾提供意見至 2017 年 3 月 15 日為止[6]，以確保無人機能在保證大眾安全情況之下開放使用。英國政府估計至 2025 年無人機所創造的產值約有一千零二十億英鎊，但同時他們也認知到無人機管制只有在兼顧安全並經公眾同意的情況下才能取得成功。

此次英國所提出之未來管制方案仍在初步規劃的階段，提出許多對無人機運用上的設想和考量如下：

（一）諸如要求大眾提供意見對於目前的無人機試驗場規範是否符合新創與中小企業的需求，以及國家是否有必要建立各種形式的無人機創新區（Drone Innovation Zone）或是其他試驗整合機構來協助無人機發展測試。

（二）關於保險制度方面，由於意識到目前歐盟針對飛行器的保險規範可能會對一般使用者負擔太重或是不符合無人機使用者需求，亦需要規劃一套更為細緻且適合無人機的保險方案。

（三）簡化目前航空管制命令中對於小型無人機的高度限制，使其更為一致，並增加違法的處罰程度來提升使用者的法遵意識。

（四）未來也可能建構無人機交通管理（Unmanned Traffic Management）系統，此系統可能包括建構 3D 地圖、即時的空中狀態顯示、提供使用者安全的資訊與通訊取得管道等供無人機操作人員使用。

　　德國聯邦交通與數位基礎設施部（Bundesministeriumfür Verkehr und digitale Infrastruktur）則於 2017 年 1 月 18 日，比起其他國家而言較晚公布無人機新規範。依據德國《航空法》之定義，無人機包括模型飛機及無人航空系統設備，前者係用於私人娛樂或體育競賽的動態模型飛機；其餘飛行器，尤其是商業用途，則歸屬於後者。基本上德國境內設有各種特定模型飛機場域，只要在該場域內操作模型飛機均不受本次規範修訂之影響，換言之對於模型飛機而言，管制密度較低[7]。

　　而亞洲地區的日本，則由主責機關之國土交通省於 2015 年 12 月 10 日修正《航空法》後公布施行，將無人機定義為「該飛行器構造透過遠端操縱或自動操縱來飛行，無需配置操作員。無人機類型除飛機、旋翼機外，還包括滑翔機及飛艇等」。

另外澳洲交通部（Department for Transport）民航安全局（Civil Aviation Safety Authority）於 2016 年 9 月 26 日修正後公布施行《民航安全管制規定》第 101 篇。首先就定義上，與國際民航組織（法語：Organisation de l'Aviation Civile Internationale；英語：International Civil Aviation Organization）定義一致，以「遙控飛行器」（Remotely Piloted Aircraft）取代「無人飛行載具」（Unmanned Aerial Vehicle）[8]。

三、無人機的飛航管制或分級制度

　　各國對無人機的飛航管制除著重於減少對載人飛行器的飛航影響外，主要針對人口稠密地區或政治敏感區域可能產生的風險影響。如美國因為航空運輸頻繁，限制無人機不得在距離有塔台之機場、人群或體育場五英哩之範圍內使用。無塔台但具有公告儀表飛行程序（Instrument Flight Procedure）之機場則需保持三英哩之距離。同時，美國境內因為飛行運動發達，有許多私人機場，所以針對無塔台亦無公告儀表飛行程序之機場或具有公告儀表飛行程序之直昇機機場則要求應距離二英哩以上。而其他飛航管制和操作要求則包括下列幾點：

（一）民用無人飛行器五十五磅以下，符合目視飛行規則，且低於二百呎飛行可免向主管機關申請。但不可在特定地區空域飛行，包括夏威夷、哥倫比亞特區等。

（二）娛樂用無人飛行器應隨時處於使用者目視可及之範圍，

飛行高度須低於四百呎（約一百二十二公尺），飛行時速在一百英哩（約每小時一百六十公里）以下，且維持飛行區域之淨空。

（三）無人航空器之使用不得影響有人操作之其他飛行器。

（四）無人機操作應於日間行之，或暮光下（太陽升起前三十分鐘）為操作，並具備防止碰撞之照明。

（五）距離操作地點天氣能見度應至少達三英哩。

（六）一名操作員一次僅得操作一架無人機設備。

（七）操作員不得於移動之航空器中操作無人機設備。

　　歐盟航空安全署在最新的法令中取消各成員國原先設定無人機的一百五十公斤監管限制（這意味著英國或其他歐盟會員國必須重新考量是否將一百五十公斤以上的無人機也納入管制類型）。但歐盟航空安全署依據性能和風險對無人機仍區分成三種管制級別[9]：

（一）「許可」（Certified）類無人機，視為一般飛行器，因此等同一般飛行器進行管制，必須經過主管機關許可。

（二）「特定」（Specific）類無人機，指特定用途之無人機，如軍用、醫療用之無人機需要通過額外的限制或對設備和人員能力提出更高的要求來控制風險。該類型則下放給歐盟會員國之民航當局（NAA）授權設立一個認證機構協助進行風險評估。

（三）「開放」（Open）類無人機的重量限於二十五公斤以下，該類無人機的安全性是僅須通過運行限制、符合行業標

準、保證對某些功能的最低要求及運行規則。所以無須
事先取得主管機關同意，但仍必須在限制的區域與高度
內飛行，且受到警政單位的監督。

另外，歐洲航空安全署基本上限制無人機應於下列幾項條
件下操作[10]：

（一）無人機不得飛行於人、不動產及汽車的頂部。

（二）無人機不得飛行接近人、不動產及汽車的五十公尺內。

（三）開放類型無人機，飛行高度不得超過一百五十公尺，直
接目視範圍五百公尺內，除非進入特殊地帶，則須先獲
得主管機關許可。

（四）一至四公斤的無人機進入限飛區前必須申請，並要啟動
地理圍欄（GeoFence）功能；四至二十五公斤機體則完
全禁止進入限飛區。

（五）建議各國禁止一公斤以下玩具無人機飛行高於五十公
尺。

英國原本考量超過一百五十公斤的無人機將受到歐盟的相
關規定管制[11]，因此英國法令針對無人機規範之對象係以重量
低於一百五十公斤者為主，特別是在 2016 年的《航空管制命
令》（Air Navigation Order 2016）中，又進一步劃分為二十公
斤以下與超過二十公斤（當然上限只到一百五十公斤）的兩種
無人機進行管制規定：二十公斤之下的無人機需保留於操作者
視線範圍內、不得過度接近人群或車輛與超過七公斤的無人機
在未經准許的情況飛行高度不得超越四百呎；二十公斤以上之

無人機則同其他飛行機具，需經事前准許才能使用。此外，關於隱私和安保的規定，則要求須遵循既有《資訊保護法》（Data Protection Act 1988），飛經他人資產上方需有合理距離，不得妨礙他人土地或建物的使用，更不得對監獄擅自運送物品 [12]。

　　德國對前述特定模型飛機場域內，除例外經由各邦民航局申請核可之無人機外，要求飛行高度不得超過一百公尺。一般而言，應於視線範圍內飛行，但未來將可能適度放寬，以利商業無人機之運用發展。此外，禁止商業無人機或模型飛機在敏感區域飛行，例如憲法機構、聯邦或各邦機關、警消救災範圍、人群聚集區、主要交通幹道、機場起降區。超過二百五十公克之無人機或模型飛機，或配備光學、聲音、無線電信號發送或記錄設備之飛行器不得在住宅區飛行 [13]。

　　日本《航空法》則限制無人機飛行必須遵守下列規定：

（一）在假日、祭典等大型活動期間（祭禮、緣日、展示會），應避開人群的區域飛行。

（二）以下飛行區域，除了得到國土交通大臣之許可外，無人機不得飛行：

　1. 地面或水面一百五十公尺以上的高空領域。

　2. 空港周邊、機場周邊，或可能會對飛航安全造成影響之飛行區域。

　3. 人口或房屋密集區域之上空。

（三）須在日出後及日落前的期間。

（四）該無人機必須在能夠目視周遭狀況下使用。

（五）該無人機若具有爆炸性、易燃性或有其他可能危害他人生命安全或財產之風險，為國土交通省令規定禁止運輸之物品。

（六）該無人機若可能對地上、水上的人或物件產生危害或損傷時，除了國土交通省令規定之情況下禁止飛行。

澳洲針對無人機之操作則限制必須將飛行器保留在視線範圍內飛行，高度限制不得超過一百二十公尺，操作員一次只能操作一架遙控飛行器。此外，尚有其他限制如下：

（一）不能於未經允許的情況下飛行禁飛區。

（二）不得在未經允許下飛進任何受到管制的現場，如車禍、火災或搜救行動。

（三）不得在人群上空操作，如海灘或公園等。

（四）不得靠近其他飛機五點五公里內。

（五）不能靠近人三十公尺內。

（六）不得於夜間操作飛行器。

四、無人機管制的配套措施

（一）操作者之資格要求

美國要求重量在五十五磅以下之無人機操作者需年滿十六歲，經考試及格持有遙控飛行證書。限制身體或心理缺陷足以影響無人機操作者，不得操作無人機設備。英國目前關於駕駛的能力與執照規劃上，在未來管制方案中詢問是否需要對目前

的使用者能力標準上有更細的劃分；德國雖將無人機分為模型飛機和飛行器，但只要超過二公斤以上，操作人員必須通過聯邦航管局技能測試或取得飛行運動協會核發之技能證書。澳洲則規範無人機操作者必須領有遙控駕照（Remote Pilot License, RePL）和遙控飛行器操作員證書（RPA Operator's Certificate, ReOC）。

（二）無人機登記與標示

美國自 2015 年 12 月 21 日開始，要求二百五十公克到二十五公斤之無人機均應於 2016 年 2 月 19 日前至美國航空局線上登記註冊。如果是 2015 年 12 月 21 日後才購買之無人機應於首次飛行前完成登記註冊。同時，註冊人必須年滿十三歲。然而，美國華盛頓特區聯邦巡迴上訴法庭在 2017 年 5 月 19 日，判決娛樂用無人機需要進行登記之規定，違反《聯邦航空局現代化及改革法》，這意謂著未來這些僅供私人娛樂的無人機都不必進行註冊，似乎美國國會在立法之時已承認娛樂用途的無人機無須過度管制[14]。

歐盟主要考量到安全、隱私、資料保護、使用無人機之責任保險與相關責任承擔之問題解決，歐盟航空安全署建議各國政府可以考慮要求無人機上必須加裝晶片或 SIM 卡等方式，方可確認無人機的所有權。英國在徵求公眾意見的管制計畫中則考慮未來二百五十公克以上的無人機應強制登記。欲透過電子識別系統讓無人機可以彼此偵測提升安全性，並讓使用者可

被辨識以方便管制。而德國要求超過二百五十公克之無人機或模型飛機，必須標示所有人之姓名及地址供辨識；超過五公斤之無人機或模型飛機，必須額外取得各邦民航局之許可。

五、結論

綜觀前揭各國對於無人機發展的態度，不難理解無人機製造商的產業發展及無人機被產業應用於新興商業模式的議題，事實上是一體兩面，並有著大大不同的本質。各國初步推出的法令政策都突顯出無人機的管制理由在於維護領空飛航秩序，避免對載人飛行器產生過度的影響。同時，縱然依據各國國情的差異有不同的飛航管制區域，但基本上均取決於發生無人機飛安事故時，所可能產生的風險承擔程度。換言之，就是衡量整體社會對無人機飛安事故所能容忍的剩餘風險程度，而其中有部分程度的損失可為社會保險制度所涵蓋。許多國家更進一步嘗試發展出無人機飛航路線的 3D 地圖，或許對於我國在欠缺規劃的都市地貌上操作無人機有值得借鏡和思考的價值。

相對於商業用途的無人機而言，娛樂用的無人機長期以來被視為是動態的模型玩具嗜好，也經常有業界舉辦飛行展示。因此，在德國所特別劃設的模型飛機活動場域內，基本上不會有過多的限制。美國無人機登記制度在巡迴法院的判決下，也明白揭示立法者無意針對娛樂用無人機進行過多的管制。而其他包括歐盟、英國等國都特別將娛樂用的輕型無人機與商用無

人機區別開來，是有其實質上的意義。然而，除了娛樂和商業用途以外，無人機還會有何種開創性的用途，或介於娛樂和商業用途之灰色地帶者，如運用於私人或影劇空拍攝影之情形又應如何界定和規範，亦應值得繼續關注。

注釋

1. FAA Modernization and Reform Act of 2012, Pub. L. No. 112-95, 126 Stat. 11 (2012), https://www.faa.gov/about/plans_reports/modernization/ (last visited July 29, 2017).

2. Federal Aviation Administration, FAA sUAS PART 107: THE SMALL UAS RULE, https://www.faa.gov/uas/media/faa-uas-part107-flyer.pdf (last visited July 29, 2017).

3. The European RPAS Steering Group, Remotely Piloted Aircraft Systems Roadmap, https://www.sesarju.eu/sites/default/files/European-RPAS-Roadmap_Annex-1_130620.pdf(last visited July 29, 2017).

4. Unmanned aircrafts, European Commission, http://ec.europa.eu/growth/sectors/aeronautics/rpas_en(last visited July 29, 2017).

5. 儘管英國於 2016 年 6 月通過退出歐盟的公投，但在英國與歐盟的退出協商定案並生效之前，英國仍需繼續遵守歐盟相關規範。

6. New proposed measures for drones in the UK, GOV. UK, Dec. 21, 2016, https://www.gov.uk/government/news/new-proposed-measures-for-drones-in-the-uk(last visited July 29, 2017).

7. Dobrindt: Klare Regeln für Betrieb von Drohnen, BMVI, http://www.bmvi.de/SharedDocs/DE/Pressemitteilungen/2017/005-dobrindt-neuregelung-drohnen.html(last visited July 29, 2017)；BMVI, Die neue Drohnen-Verordnung (2017), http://www.bmvi.de/SharedDocs/DE/Publikationen/LF/flyer-die-neue-drohnen-verordnung.pdf?__blob=publicationFile (last visited July 29, 2017).

8. Flying drones in Australia, Australian Government CASA, https://www.casa.gov.au/standard-page/flying-drones-australia (last visited July

29, 2017).

9. Supra note 4.

10. Id.

11. Commission Regulation 216/2008, art. 4, 2008 O. J. (L 79), 1, 6. 目前歐盟的無人機規範正在重新擬定當中，未來歐盟可能會將所有類型無人機都列入管制框架中，參考 THE EU DRONE POLICY, EUROPEAN COMMISSION, Nov. 29, 2016, http://europa.eu/rapid/press-release_MEMO-16-4123_en.htm?locale=en (last visited January 9, 2017).

12. Department for Transport, Unlocking the UK's High TechEconomy: Consultation on the Safe Use of drones in the UK, 57-58 (2016), https://www.gov.uk/government/uploads/system/uploads/attachment_data/file/579562/consultation-on-the-safe-use-of-drones.pdf (last visited July 29, 2017).

13. Supra note 6.

14. Taylor v. Huerta, No. 15-1495 (D.C. Cir. 2017), https://www.cadc.uscourts.gov/internet/opinions.nsf/FA6F27FFAA83E20585258125004FBC13/%24file/15-1495-1675918.pdf (last visited July 29, 2017).

4 讓採購也帶著創新！從對話開始做起！

—— 以德國創新採購為例

一、政府為首創造對創新之需求

經濟發展透過供需法則平衡價格與產量，因此當市場上對產品創新產生大量需求時，也會帶動創新的發展。然而，產品在市場上講究的是成熟度、耐用度或實用度；創新產品未經過市場驗證，往往難以輕易為市場所接受。而政府作為一個國家內規模最大的採購主體，對市場經濟活動自然會產生相當重大的影響，進而成為影響產業發展的重要因素之一。倘若公部門將政府採購視為滿足政府需求之管道外，也將政府採購作為政府產業政策中引導產業發展及技術規格制定或是達成諸如環境政策、社會福利等其他政策需求的策略性工具，或可帶動產業發展[1]。

政府採購之策略性運用在前述思考脈絡下，涉及國家科技政策之創新（Innovation）層面而言，採購標的如為甫上市或市場尚未存在帶有新穎研發技術的創新解決方案（Innovative

Solution），可從研發需求端（Demand Side）側重於市場拉力
（Market Pull），促成研發創新方向對準市場需求，不僅解決
需求上的實質問題也帶動可提升經濟發展的研發創新活動，達
成下列目標[2]：

（一）更具有生產力並能達成減輕環境負荷、提高行政效率或
　　　節省成本之創新產品或服務，有助於提升公共服務的效
　　　率與創新，如歐盟用以推動健康照顧（Health Care）、
　　　高齡照護需求的成長（Growth of Elderly Care）。

（二）採購機關透過創新採購與市場上互動可更加瞭解技術發
　　　展能更加確定需求與問題解決方案、節省成本、並運用
　　　所獲取之專業知識技能，可兼顧政府需求與推動產業研
　　　發創新，提升政府財政支出效率並減輕負擔。

（三）確保創新研發保有初步市場需求，廠商亦可藉此了解政
　　　府對於研究開發之商業化的想法、可強化專業知識、發
　　　展實際運作技能、甚至可累積商譽。

（四）政府補助是從研發供給端（Supply Side）側重於研發推
　　　力（Research Push），以形成研發創新的驅動力為主，
　　　奠定知識經濟的基礎，增加技術產出與加快知識擴散。
　　　政府科研補助可透過創新採購找尋技術需求所在，反之
　　　創新採購可透過政府科研補助瞭解技術發展現況，兩者
　　　可為相輔相成之政策工具。

　　　因此，政府採購被視為研發創新政策之策略工具，藉由挹
注公共建設經費創造市場經濟之誘因，進而銜接創新研發之重

要成果的前瞻應用，使技術得以為產業所採納，且經多年理論之驗證後，創新採購之構想已被證實為促進產業創新有用之政策工具，逐在國際間形成協助科研創新發展之策略概念及具體法制設計。

二、他山之石可以攻錯：從歐盟到德國

（一）歐盟創新採購之類型

創新採購制度設計之重點在於如何保持形塑創新的彈性空間。根據經濟合作暨發展組織（Organisation for Economic Co-operation and Development, OECD）對創新活動之內涵主要分為研究發展，即一般所謂的研發活動（Research and Development, R&D）以及準備生產、量產化開展市場通路之商業發展活動（Commercial Development）[4]。因此，歐盟創新採購之類型採取依產品創新生命週期（Product Innovation Lifecycle Process）之階段針對不同的特性及需求加以區別[5]。如採購標的為業經研發已具可上市之初步雛形，或已有一定數量被市場加以採用的創新解決方案（Innovative Solutions）則屬於政府採購創新解決方案（Public Procurement of Innovative Solution, PPI）[6]。而尚需要進行研發（R&D）之創新解決方案，在研發過程中進行探求及設計解決方案、發展原型以及試行生產的產品測試階段等，根據採購之需求逐步量身訂作發展適切創新解決方案者，則屬於商業化前採購（Pre-Commercial

Procurement, PCP）之創新採購類型[7]。綜觀此兩類創新採購類型之區別標準，兩者所著重之重點差別如下：

1. 商業化前採購：其採購標的為研發勞務（R&D Services），而其重點在於發展（Development），採購機關採購R&D勞務，以發展符合政策需求之創新解決方案[8]。

2. 政府採購創新解決方案：其採購標的為創新解決方案，其重點則在於使該解決方案得以在可上市之初步雛形基礎上擴大商業化上市（Deployment）。採購機關藉由採購此類標的，扮演技術研發得保有一定市場需求的領頭羊角色（Launching Customer/Early Adopter/First Buyer）[9]。

（二）德國創新採購法制之內國法化

與我國有政府採購法之專法不同，德國並無統一且獨立之政府採購法。起初德國以《預算法》（Haushaltrecht）之《發包規則》（Verdingungsordnungen）加以規範，其中亦納入了1980年代歐洲共同體的若干指令內容。直到1997年聯邦議會提出《政府採購更新草案》（Gesetz zur Änderung der Rechtsgrundlagen für die Vergabe öffentlicher Aufträger）[11]，讓相關政府採購規範脫離預算法體系，轉而置入《限制競爭防止法》（Gesetz gegen Wettbewerbsbeschränkungen, GWB）中，強調採購之競爭本質而有後續實質與程序規範之設計。

德國議會不斷配合歐盟政府採購指令對創新採購的要求以及修正，分別於2015年3月提出《政府採購現代化法案》

（Entwurf eines Gesetz zur Modernisierung des Vergaberechts, Ve
rgaberechtsmondernisireungsgesetz）草案[12]；之後又於 2016
年 1 月提出《政府採購辦法現代化法案》（Verordnung zur
Modernisierung des Vergaberechts, Vergaberechtsmodernisireungs
verordnung）草案[13]，讓歐盟政府採購指令中創新採購的精神
與目的能更具落實在德國法中。

　　德國即希望透過龐大的政府採購市場，作為政策推動的工
具，如此一來不僅帶動中小企業發展，亦可促進環保、就業與
創新等政策需求外，同時又可滿足政府採購公共服務之需求。
在德國 2014 年聯邦經濟暨能源部的「為政府採購注入更多創
新」報告[14]中指出，德國 2013 年統計對科研補助約二十八億
歐元[15]，而政府該年度的採購預算約三千三百億歐元[16]，倘若
政府能將部分採購預算運用在創新產品或服務的採購上，不僅
有助於創新活動的推動，同時又能滿足政府採購需求，因此德
國聯邦政府、各邦政府與企業便決定共同將創新要素注入政府
採購制度中以帶動經濟發展[17]。

三、德國創新採購程序之發動

　　創新採購程序之發動，首要遇到的議題是進行採購程序的
選擇，根據《限制競爭防止法》第 119 條規定德國政府採購程
序可分為公開程序（offenen Verfahren）、非公開程序（nicht
offenen Verfahren）、協商程序（Verhandlungsverfahren）、

競 爭 對 話（wettbewerblicher Dialog） 以 及 創 新 夥 伴（Innovationspartnerschaft）五種招標程序類型。

　　公開程序，即是採購機關在不限制廠商數量下公開要求參與投標之程序；非公開程序，即是採購機關在先前的公開要求後，在廠商數量有限制的情況下，在客觀透明且無歧視下挑選出申請投標者並要求其參與後續決標程序。而採購機關如果要採用創新採購程序進行採購，依據《政府採購辦法》第 14 條規定，必須滿足以下要件 [18]：

（一）採購機關的需求以目前可支配的解決方案中無法被滿足時。

（二）此項採購包含了概念性或創造性的解決方案。

（三）因本質複雜度、經濟、法律、風險因素有關之特殊環境，導致無先行溝通即無法決標者。

（四）特別對技術上的要求使招標機關無法在規格上參照標準、歐洲技術評估或共同技術規格提出準確的規格。

（五）透過一般採購程序招標之參與廠商不能符合期待者。

　　而採購機關為瞭解是否確實符合前述要件則根據《政府採購辦法》第 28 條規定，得於招標程序開始前，即採購機關於針對辦理採購之前置作業中進行市場諮詢。須注意的是，如在招標程序已經開始後才進行市場諮詢或是以詢價為目的之行為是被禁止的 [19]。

四、德國創新採購程序之流程

（一） 協商程序

相較於公開程序與非公開程序之嚴格法定，協商程序比較像是非要式之「直接發包」（Freihändig Vergabe）程序，除協商程序之規定外，就協商內容法並無明確規範，更是創新採購相關程序中最基礎之採購程序規範，其他程序多以此爲基礎變化而來，而協商之目的正在針對採購創新產品與服務時，能夠保留形塑創新之彈性[20]。

針對創新採購，只要有興趣的廠商都可以申請參與投標，參與者須提交採購機關所要求的資訊以作爲資格篩選，原則上採購機關不得主動邀請廠商投標，以維持投標之公平性；根據《政府採購辦法》第51條規定，若申請者已達足夠數量（至少三家廠商投標）時，採購機關得對具備資格之申請者限制數量；但低於三家投標廠商時，爲維持一定程序之競爭性，採購機關始得主動邀請廠商投標。關於採購機關對廠商的數量限制、先前擬定的最低數量以及所邀請的申請者數量上限，採購機關均應在招標公告中在客觀且不具歧視性的原則下提供廠商足夠的資訊得加以參酌是否參與投標[21]。

申請投標的期限自招標公告日起算至少三十天；除非有緊急性的充分理由使申請期限無法被合理遵守時，採購機關才得例外縮短爲十五天；但必須考量此舉是否影響投標廠商針對創新的內容的規劃時間，否則僅可能造成最終流標的機率升高。

接著採購機關必須從申請投標的廠商中篩選出至少三家以上的廠商參與第一次提案。選出參與提案的投標廠商後，應在十天的期限內進行提案，若以電子送達方式提案時，得將原提案期限縮短五天。再經由採購機關與各個投標廠商就個別提案內容進行協商程序後以訂定出具體規格，最後針對採購機關就協商所得之條件進行定案之採購規格公開評選出得標廠商 [22]。

　　採購機關與提案者除第一次協商外會進行多次提案內容的改善及協商，直到出現最終提案，並無規定限制協商進行的期限，藉此提升提案內容的品質，且採購機關在採購文件中規定的最低要求與決標標準之例外，得一併作為協商內容之一部分。若採購機關在招標公告或採購文件中已被告知，其得在不同且連續之階段進行協商，仍須維持一定數量的廠商以維持競爭性 [23]。針對提案變更，採購機關得同意參與投標廠商在合理充分的時間內變更提案或提出修改提案。採購機關不得在未經其他廠商協議下給予特定廠商建議的解決方案或機密資訊。採購機關若要中止協商，應告知所有供應商且公告統一的期限。

　　採購機關應在協商過程中平等對待所有投標廠商。尤其不得在後續階段針對特定廠商出現歧視行為或對其提供有利資訊。採購機關應告知所有供應商，提出的提案不得違反相關規定，且關於成果說明中可能進行變更的補充書面格式應依照民法第 126b 條之規定撰寫，特別是關於技術要求或其他採購文件中涉及最低規格要求與決標標準之內容。採購機關應檢驗最終提案是否滿足原先最低要求且決定決標內容是否符合決標標

準原則 [24]。

（二） 競爭對話程序

在競爭對話中，有關申請期限與投標廠商的數量規定，均與協商程序相同。惟採購機關針對採購需求與篩選而出的廠商進行採購標的各個面向的對話時，採購機關應平等對待各個廠商。採購機關不得在未經其他廠商協議下給予特定廠商建議的解決方案或機密資訊 [25]。如果在最終階段已存在原先足夠的解決方案或具備資格的廠商時，必須在能夠維持競爭性的狀態，由採購機關決定是否符合本次採購需求與要求，同時尚須符合「經濟性最有利」原則，且存在可行性的提案產生時，即得以終止對話，其他廠商須被告知對話程序已經終止。

所謂「經濟性最有利」並非必然就是指「價格最優惠」（Preisgünstig）。對於經濟性最有利之判斷重點在於對採購機關而言，要約之經濟價值不僅只有價格，還包括了品質（Qualität）、價格（Preis）、技術價值（Technischer Wert）、合目的性（Zweckmäßigkeit）、環境特性（Umwelteigenschaften）、施作成本（Betriebskosten）等等 [26]。

對話結束後採購機關得要求得標者遞交先前對話階段所提出之方案，該方案須包含所有必要項目執行細節，採購機關得對該方案要求進一步陳述說明與補充。在陳述說明或補充時，關於本次招標公告或招標文件中已說明之採購需求與要求的重大組成部分不得做根本上的變更，避免影響競爭或導致其他廠

商受到歧視。採購機關得對提案中的經濟效益、與廠商的協商目的、報價以及當初在招標公告或採購文件中所設定之條件進行評選[27]。

（三）　創新夥伴程序

採購機關得透過創新夥伴程序選出能針對政府需求發展創新解決方案之創新夥伴。由條文觀之，創新夥伴是以協商程序為基礎之採購程序，因此有關申請期限與投標廠商的數量規定，均與協商程序相同[28]，但採購標的尚須經由研發過程獲得。

採購機關應在招標公告及採購文件中描述針對創新財物或勞務的需求為何，並應針對廠商資格評選機制事先規劃，包括廠商對該領域的研發能力以及對創新商品的製造與技術移轉能力。廠商的公司類型（即融資與風險承擔能力的評估）與提出解決方案的能力都必須充分的資訊中能夠清楚的被加以判斷或評估。採購機關應在一定數量的廠商中經由競爭評選出得標者。任何有興趣的廠商都可以申請參與投標。參與者須提交採購機關所要求的資訊以作為資格審查。

若採購機關在招標公告或招標文件中對此已做說明，可在後續階段針對降低投標金額進行協商。同樣的，為維持公平競爭，採購機關應平等對待所有供應商，不得在未經其他廠商同意下給予特定廠商建議的解決方案或機密資訊。採購機關應告知所有供應商，提出的提案不得違反相關規定，且關於研發成果說明之內容可能進行變更的補充書面格式應照民法第 126b

條之規定，特別是關於技術要求或其他採購文件涉及最低規格要求與決標標準。採購機關應以書面方式告知所有參與廠商，有關招標文件中不會影響最低要求之可協商項目和其他資訊，投標者才有足夠時間調整投標內容 [29]。

　　創新夥伴將透過提案評選從數個投標者中選出數個得標者，因合作所增加的成本費用將排除最低價格或最低費用作為參考基準。採購機關得於研發活動的各個階段中，使多個得標廠商建立創新夥伴關係，創新夥伴關係可包含研發階段與成果階段之兩個連續階段（此處成果即為研發成果），研發階段為原型的製造或服務的發展，成果階段則是指夥伴關係所產生的成果進行商業化。當創新夥伴關係結束或創新夥伴因為契約終止而減少，又或者採購機關在招標公告或招標文件中有事先告知其可能性或特殊情形時，採購機關得決定終止發展過程。更重要的是，當創新夥伴關係被迫中止時，在研發階段終止後，採購機關須對創新採購隨後的損益負責 [30]。

五、結 論

　　創新採購程序法制化對於採購機關及廠商具有正面意義。對於採購標的涉及市面上尚無存在的解決方案或甫上市的解決方案，如採購機關欠缺市場上技術發展的瞭解時，可透過與可能實際執行研發創新過程之廠商進行對話，甚至更進一步與個別廠商進行協商，促進廠商間的提案競爭，以協商出有效的創

新解決方案之規劃。對於廠商而言，法制化的明確程序，也有助於提高參與之意願，達成協商機制中與採購機關共同針對政府需求，研提採購規格之內容，無疑對採購機關與參與廠商而言，均是在程序及形式上的保障。

　　此外，創新採購機制與科研政策之間存在相輔相成的關聯性，應融入國內整體創新生態系統之中，積極發展採購機關、科研創新機關、決策者間的互動關係，以共同合作發展適合我國實際運作之創新採購機制。同時，基於創新採購程序主要係建立在採購機關與投標廠商協商的基礎上加以滿足政府公共服務的需求以及科技政策之創新目的，並非與一般政府採購程序存在著互斥的關係，僅是一種針對採購標的之創新特性所設計的採購制度，而作為採購機關面對特定情形下所補充適用之程序。換言之，具有補充一般政府採購程序之特色，故亦應保留程序選擇的一定彈性，藉由整體政策規劃與實際公共服務的需求，提高採購機關採用創新採購之誘因。

注釋

1. 如《政府採購法》第 96 條優先採購具環境保護標章之產品、依《身心障礙者權益保障法》第 69 條第 3 項規定訂定之優先採購身心障礙福利機構團體或庇護工場生產物品及服務辦法等。

2. CHARLES EDQUIST, LEIF HOMMEN, AND LENA J. TSIPOURI, PUBLIC TECHNOLOGY PROCUREMENT INNOVATION 30-61 (2000).

3. Id.

4. OECD, THE OECD INNOVATION STRATEGY: GETTING A HEAD START ON TOMORROW 33 (2010).

5. Supra note 2.

6. European Commission, Pre-commercial Procurement, Solutions, https://ec.europa.eu/digital-single-market/en/pre-commercial-procurement (last visited August 25, 2016).

7. European Commission, Public Procurement of Innovative Solutions, https://ec.europa.eu/digital-single-market/en/public-procurement-innovative-solutions (last visited August 25, 2016).

8. Supra note 2.

9. Id.

10. Id.

11. § 106 VgRÄG-Entwurf, BT-Drucks. 13/79340 vom 03.12. 1997, http://dip21.bundestag.de/dip21/btd/13/093/1309340.pdf (last visited August 25, 2016).

12. § 98 VergRModG-Entwurf, BT-Drucks. 18/7086 vom 16.10. 2015, http://dipbt.bundestag.de/dip21/btd/18/070/1807086.pdf (last visited August 25, 2016).

13. § 1 VergRModVO-Entwurf, BT-Drucks. 18/7693 vom 24.2. 2016,

http://dip21.bundestag.de/dip21/btd/18/076/1807693.pdf (last visited August 25, 2016).

14. BMWi, Impulse für mehr Innovationen im öffentlich Beschaffung (2014), http://www.bmwi.de/BMWi/Redaktion/PDF/I/impulse-mehr-innovation,property=pdf,bereich=bmwi2012,sprache=de,rwb=true.pdf (last visited August 25, 2016).

15. BMBF, Bildung und Forschung in Zahlen 2013 (2013), https://www.bmbf.de/pub/bildung_und_forschung_in_zahlen_2013.pdf pdf (last visited August 25, 2016).

16. EFI, Gutachten zu Foschung, Innovation, und technologischer Leistungsfähigkeit Deutschlands 195, (2013) http://www.e-fi.de/fileadmin/Gutachten/EFI_2013_Gutachten_deu.pdf (last visited August 25, 2016).

17. Id.

18. § 14 VgV.

19. § 28 VgV.

20. 程明修，〈德國加速公私協力法上「競爭對話」制度於政府採購上之運用〉，《法學叢刊》第 236 期（2014.10），頁 76。

21. § 51 VgV.

22. § 17 Abs.1-7 VgV.

23. § 17 Abs.8-12 VgV.

24. § 17 Abs.13-14 VgV.

25. § 18 Abs.1-5 VgV.

26. Richtlinie 2014/24/EG, Art. 67; § 58 VgV.

27. § 18 Abs.6-9 VgV.

28. § 19Abs.1-4 VgV.

29. § 19 Abs.5-6 VgV.

30. § 19Abs.7-10 VgV.

5 淺談以色列挑戰式招標創新採購

林佩瑩

一、前言

　　鑒於當前全球先進國家皆將數位經濟視為國家社會進步暨經濟轉型的重要發展計畫，近年來我國政府大力推動資訊應用在政府的施政上，著重推動產業創新及新南向政策，於 2016 年 12 月 20 日啓動「數位國家‧創新經濟發展方案（2017-2025 年）」（簡稱 DIGI+ 方案）[1]，除延續之前「國家資通訊發展方案（2012-2016 年）」（簡稱 NICI 方案），在硬體與軟體建設並重原則下，透過建構有利數位創新之基礎環境，鞏固數位國家基磐配套措施，打造優質數位國家創新生態，以擴大我國數位經濟規模，達成發展平等活躍的網路社會，推進高值創新經濟並建構富裕數位國家之願景。

　　在「數位國家‧創新經濟發展方案」中，主軸二「數位經濟躍升」行動計畫草案提出增進數位經濟發展之作法，為發展創新運用加速推動政府創新採購，開放政府市場帶動新創應

用發展，重視導入開放規格及驗收標準於創新採購案成為數位
經濟成長的推手[2]。

　　政府採購作為促進自主創新的政策工具，因其龐大的採購
規模和指向性，對提升產業競爭力，特別是培育新產業有重大
影響，在先發創新型國家得到廣泛應用，我國也越來越重視政
府採購對創新的引導、促進作用。有鑒於此，本文以下擬針對
以色列運用挑戰式招標（Challenge Tenders）採購創新解決方
案之方式，就其具體措施及案例進行介紹，以作為我國政府採
購納入創新採購制度的參考。

二、挑戰式招標之概述

　　傳統上，公共服務計畫之概念、設計和規劃一般由政府承
擔，隨後對所選出的投標者進行此類計畫的投標和裁決。政府
通常使用成本最低的方式，以質量和成本為基礎的選擇方法來
核准這些投標，並鼓勵公私部門合作執行計畫。然而，私人企
業也可能針對政府發展公共服務計畫主動提出建設規畫。為了
避免不公平及偏見，政府在批准這類未經核准的建議提案時，
最常使用的方法就是挑戰式招標。

（一）定義

　　挑戰式招標（Challenge Tenders）是一個新的公共採購形
式，在公共機構（通常是政府機關）收到一個公共服務計畫提

案時，原始提案者向政府出具投標書，並由政府邀請第三方進行競爭提案[3]。投標過程可幫助私人機構或企業掌握公共需求計畫的主動提案權。由原始提案者（Originator of Proposal）對政府要約，確保提案的進程在執行成本及時間方面，透過自己或政府要求執行某項公共任務成為最好的投標提案。其中政府在公共領域保持主動招標角色，並邀請第三方在指定的時間內提出更好的投標提案。挑戰式招標的主要目標在於去除較不重要的發展計畫，或以透明的方式避免發展計畫過度膨脹開發成本。原始提案者更有權對抗第三方提供的優惠提案，與政府進行協商及談判。

挑戰式招標提供私人企業，針對有興趣開發、投資並且經營的政府公共發展計畫，提出創新的執行建議。沒有人能夠確切指出挑戰式招標的來源，據推測，由於瑞士在第一次世界大戰和第二次世界大戰中的國家戰略採取「中立性」作法，此特質彰顯挑戰式招標意在去除政府對於發展計畫之原始提案者與挑戰者之間的偏見，因此挑戰式招標一般亦被稱為瑞士挑戰性投標（Swiss Challenge）。[4]

（二）運作流程

面對未經核准的建議提案（Unsolicited Proposal），政府可以通過兩種方式處理：一是政府可以向原始提案者購入發展計畫概念的智慧財產權，再通過一個沒有任何人能夠具有預定優勢的競爭性投標過程來授予計畫；另一則是政府可以提供原

始提案者特別獎勵或優惠，例如拒絕提案的權利，允許原始提案者以更好的提案或是預算，淘汰第三者的挑戰提案，以符合促進創新及競爭力的宗旨。

　　挑戰式招標的操作流程主要分為[5]：

1. 主動提案：私人機構或企業，亦即原始提案者提出政府開發新的公共服務計畫或改進現有計畫之主動提案（未經核准的建議提案）。此主動提案不一定是由政府發起或是正在進行的開發計畫，原始提案者向政府提出計畫規格（包括市場分析、技術操作、財務分析、經濟分析以及營運或制度方面規劃），並提出初步融資計畫，描述該計畫的融資方式以及實施的時間規劃。

2. 初步評估：政府在收到主動提案後，針對原始提案者所提出的規劃報告內容評估是否符合資格之預審要求，包括具備進行計畫的法律制度要求、經驗或財務能力，除了篩選出不必要的提案之外，最主要在於允許原始提案者在不需要大量資源的投入下測試提案的可行性，大幅降低行政成本。

3. 協商及談判：在進行評估及篩選後，若主動提案不符政府對於計畫的要求，政府可以選擇公開市場招標，或是收購原始提案者提出的關鍵方法或技術之智慧財產權（IPR）。若政府認為此主動提案具備執行性以及效益性，可直接與原始提案者協商，根據需求對計畫進行修改，並批准主動提案。一旦原始提案者提出修改提案，政府就按照公開招

標程序，邀請第三方提出競爭提案，針對原始提案提出更完善的作法及規劃。

4. 招標完成：政府將第三方投標者（Selected Bidder）的競爭提案與原始提案者所提出的主動提案進行比較，原始提案者必須符合最具競爭力或是最低報價方能得標。如果第三方投標者的提案競爭更為有利，則原始提案者可選擇拒絕並放棄標案，或是根據第三方投標者的提案競爭該標案。若原始提案者未能根據第三方投標者的建議提案提出投標書，則第三方投標者將得標該計畫，原始提案者之前所投入的成本將由原始提案者自行吸收。

（三） 小結

通過發展公共服務項目所提出之主動提案，能夠提高國家公共服務之水平，更有利於政府在概念、技術及財力能力有限情況下能夠降低成本，達成促進創新目的。除此之外，由於全程採取線上運作，可以確保程序公平及透明，同時確保計畫能夠更快實施執行，鼓勵公私部門合作。

然而，在提出有益計畫的原始提案者以及第三方投標者之間找到適當平衡相當不易。挑戰式招標可能面臨因足夠的透明度或競爭所產生的風險，譬如當競爭提案包含與原始提案不同規格時的法律效力將產生疑慮、第三方投標者在準備時間上相較於原始提案者的準備時間也不成正比。由於挑戰式招標採取競爭競價模式更難以衡量未經核准的建議提案真實的價值，加

上無法保證原始提案者及第三方投標者不會撤銷其要約，造成流標而使得計畫停滯不前。

三、以色列運作挑戰式招標之案例研析

據天下雜誌資料顯示，以色列企業研發占 GDP 比重，為世界第一，每百萬人中創業者占比領先全球，約美國的兩倍之多。以色列第二大城市特拉維夫更是最適合創業的城市之一，在美國那斯達克（Nasdaq）有超過五十家公開上市的公司，總市值超過百億美元，僅次於矽谷[6]。以色列科技業技術領先全球，創新能力高，其中以色列衛生部正在尋找企業家和科技公司來實現以色列衛生系統數位化工具的創新解決方案[7]。提出的建議如果合適將完全由國家出資，提供各領域以創新想法來改變醫療保健系統的機會。

（一）背景

在以色列，醫院擁擠是衛生系統的核心問題之一。以色列醫院的入住率相當驚人，住院擁擠的情況下大幅增加醫務人員的負擔以及醫院人員感染風險，包括由病毒引起對抗生素產生抗藥性的感染風險。為了應付醫院，特別是在急診部門的擁擠問題，以色列衛生部投資急救醫學中心，以減少對急診室的負荷，但仍然不能解決醫院擁擠的問題。於是 2016 年 10 月以色列衛生部公告「問題招標書」，希望透過挑戰式招標的方式處

理這些問題，結合創新想法提供技術解決方案[8]。

　　而此挑戰性招標專案係由一位來自以色列衛生部的參與者與一位來自以色列財政部的參與者聯合提出，該專案有助於促進政府與私人部門之間的合作，目標在於特定政府部門向公眾提出問題，並使中小企業有機會為這些問題設計具體的解決方案，政府預期將先進技術的解決方案集中至政府系統，從而加強衛生系統創新，深化新興技術產業和醫療系統之間的關聯[9]。

（二）　流程 [10]

　　以色列衛生部首先將於官網上對外公開標案，提供欲解決的問題需求以及相關行政作業說明，給予二個月期限由投標者提出釐清問題的概念性分析（Feasibility Study），並於一個月後進行供應商（擬投標者）會議，由投標者提交解決問題之提案。在衛生部通過效益與成本審查後，公布第一階段的晉級投標者，提供一年的時間由得標者執行可行性證明（Proof of Concept, POC）。在衛生部進行第二次的效益與成本審查後，公布最終優勝投標者，實施解決方案並進行維護及發展。

1. 釐清問題的作法

　　藉由衛生部網站以及與衛生部辦事處交流，讓投標者深入研究內科部門和急診室的負荷問題，並由衛生部舉辦供應商（擬投標者）會議。隨後投標者提交回答問題表格給衛生部，釐清問題主要針對標案詳情以及研擬提出解決方案之各活動所

需各項成本，各投標人的答案將以匿名方式公布在衛生部網站，所有已註冊投標之投標人可以收到所有答案內容，釐清問題機制作為定價模式以及提案審查依據。

2. 提案審查的作法

　　為了評估解決問題建議的效益及品質，將進行兩輪品質評估，若審查分數不到百分之六十將失去資格。整份提案效益的審查分數分為第一輪及第二輪，分數各占百分之三十及百分之七十。

　　第一輪審查評比分為：提出的解決方案（功能及技術要求）占百分之六十、擬議項目（可行性證明、團隊、工作計畫）占百分之三十、當日簡報的表現（如證明上述各項指標）占百分之十。而第二輪審查評比以當日簡報解決方案的表現，包含在衛生部當天的報告以及投標人對當天問題的回答（如說明措施、使用說明、圖表、報價或產品應用範圍等）占百分之百。

　　衛生部將各種預算轉化為成本估算，提案成本得分為最低投標價除以提案成本乘上一百，進行每個提案之成本與效益加權評估，提案最終成績成本占百分之三十，效益占百分之七十。

　　衛生部篩選第一階段晉級投標者，並進入第二階段研究計畫。提案最終成績高於百分之七十，均需高於標案的門檻值，此門檻依據預算和招標單位決定，若最終成績超過百分之六十，但低於門檻之提案，雖可簽署進入可行性證明研究合約，

但是否執行另由衛生部決定。若少於兩個提案通過，採購單位衛生部可酌情接受低於百分之七十、但不低於百分之六十的提案。

3. 可行性證明（POC）的作法

可行性研究主要在於將各項提案於以色列衛生系統進行驗證，以確認其可行性和效率的程度。可行性研究分為三個階段：POC 的特徵與規劃、POC 的實施、POC 的結果分析。

(1) POC 特徵與規劃

衛生部、投標人、驗證單位代表進行一系列說明會議，以達成對於 POC 的特點以及商業模式之規劃。衛生部籌組專家測試團隊以檢查 POC 的合理及有效性，而專家名單由投標人審議決定。POC 證明成功後，仍需於以色列衛生系統測試實施，於完成特徵描述與規劃後，投標人提交相關文件、核准後進行測試實施。

(2) POC 實施

由投標人與主辦單位事先協商，投標人至少在一個場域執行，期限為一至十二個月。投標人與主辦單位定期舉辦會議，衡量投標人所提出的解決方案之實施性能或 POC 的改善規劃。若解決方案需要於以色列衛生系統進行初步臨床試驗，投標人必須在提案中說明實驗過程的方法，並獲得核准。若發現 POC 無效或造成損害，衛生部可以隨時自行決定終止進行，因此投標人需提出實施 POC 之完整資訊。

(3) POC 結果分析

　　POC 階段終止後，衛生部可以做以下兩種決定：關閉 POC 系統，並分析其結果；或是分析 POC 結果，但不關閉 POC 系統。POC 測試過程最多九十天，並將相關資料提交給測試團隊，配合該團隊所要求的額外測試。當解決方案滿足預先設定的 POC 參數，則解決方案將通過「測試」可行性，接著進行效益及成本評估，經加權評分後，確定哪些解決方案將被吸收並運用到以色列衛生系統中。

（三）小結

　　前述招標案是以色列衛生部公布的一系列「問題招標書」中的第一個，這些招標案旨在衛生系統中尋求基於數位解決方案來應對公共問題，由政府提出問題同時避免先入為主的偏見影響解決方案的本質，允許來自不同領域的多種創新思想進入衛生系統，關於問題的理想解決方案作出公平透明的判斷。

　　為了確保決策過程中的透明度、誠信、平等、效率以及競爭性，以色列衛生部提出之挑戰式招標定義出兩階段的得標流程。在第一階段，將會選擇一些衛生部認為適合 POC 的建議書，在此期間，擬議的解決方案將得到落實，並對其進行有效的測試。在第二階段，通過 POC 的建議書將得標，實施解決方案並進行維護及發展。

四、結論

　　以色列衛生部爲了提高醫療護理質量，縮短入院患者的等待時間，以病人爲中心保護患者及其家庭的尊嚴，並確保他們的權利，同時緩解醫院工作人員的負擔，從而通過有針對性的治療領域減少各種住宅區之間的差距，以色列政府透過挑戰式招標的方式處理這些問題，結合創新想法提供技術解決方案。

　　我國政府採購作爲促進自主創新的政策工具，因其龐大的採購規模和指向性，對提升產業競爭力，特別是培育新產業有重大影響。以色列衛生部透過挑戰式招標的創新採購方式，可供我國作爲促成創新採購開放政府市場的參考，加速推動政府創新採購，成爲我國數位經濟成長的第一步。

注釋

1. 行政院科技會報辦公室，http://www.bost.ey.gov.tw/cp.aspx?n=05CD247F9B265CBC（最後瀏覽日：2017 年 07 月 05 日）。

2. 同前註。

3. Swiss challenge (procurement), https://en.wikipedia.org/wiki/Swiss_challenge_(procurement) (last visited July 5, 2017).

4. Id.

5. ISwiss Challenge Method- Unsolicited Proposals For Development, http://www.mondaq.com/india/x/490496/Government+Contracts+Procurement+PPP/Swiss+Challenge+Method+Unsolicited+Proposals+For+Development (last visited July 5, 2017).

6. Companies in Middle East, http://www.nasdaq.com/screening/companies-by-region.aspx?region=Middle+East (last visited July 5, 2017)

7. Public Tender No. 15/2016, Digital solutions for dealing with congestion in the internal and emergency departments, http://www.health.gov.il/Services/Tenders/Documents/com15_2016.pdf (last visited July 5, 2017)

8. Digital solutions for dealing with congestion in the internal and emergency department, https://www.health.gov.il/Services/Tenders/prob_tenders/Pages/ER.aspx (last visited July 5, 2017)

9. Id.

10. Supra note 6.

6 韓國科技前瞻與科研政策形成措施與制度介紹

王怡婷

一、前言

　　所謂「科學技術前瞻（Technology Forecasting, TF）」即透過系統性研究方法或調查，長期觀察、評估未來可能會影響技術發展、經濟、以及社會環境的科技發展趨勢，其目的在於擇選具關鍵性發展之科學技術領域，而所謂的「具關鍵發展性」係指可能獲得經濟、社會與環境利益極大化之共通發展性技術。[1]

　　從 1990 年代以來，各國開始執行大型前瞻計畫後，相關後續推動政策與配套亦相繼而生，為使科研資源妥善配置，優先開展有利之國際具競爭性之關鍵技術，在科技研發政策規劃上，世界重要先進國家皆導入國家性技術前瞻活動，有關科學技術前瞻的議題持續在各國受到重視，科技前瞻活動成為諸多國家勾勒未來發展藍圖政策工具。而我國 2016 年 10 月舉辦的第十次全國科技會議，也已於議題五「建構完善科技環境」中，

就「建立科技發展領域的前瞻研究」子題進行「確立國家層級的前瞻科技發展規劃」及「導入重大科技研究計畫事前評估機制」等之深入討論，顯見科學技術前瞻議題在當前我國科技政策中的重要性。

截至目前為止，全世界推動前瞻活動國家，有英國、德國、荷蘭、法國、日本、韓國、中國大陸、瑞典、澳洲、紐西蘭、西班牙、義大利等國家[2]。相較於其他國家，我國於技術前瞻活動之執行上尚處於發展階段。是以，本文將以科技前瞻推動具指標性之國家進行討論，針對我國政府於科技前瞻調查與政策形成時，可茲參考之範圍與措施限制。參考歐盟前瞻觀測網絡（European Foresight Monitoring Network, EFMN）[3]評比之國家，選定具代表性科技前瞻作法之韓國進行觀察。就其技術前瞻作法與科技政策連動性分析，針對科技前瞻細部作法介紹與政策形成之作法重點進行了解。

二、韓國科技前瞻與科研政策形成措施與制度

（一）　科技前瞻法制化：《科學技術基本法》第 13 條

1. 應定期執行全國性科技前瞻調查預測關鍵技術發展方向

韓國《科學技術基本法》第 13 條第 1 項提及：「政府應週期性地調查和分析科學技術統計及指標，應預測科學技術發展的趨勢，進而應將該結果反映於科學技術政策」；亦於同條第 2 項規定：「政府基於第 1 項提到的預測結果，要努力研發

新興關鍵技術。」[4]

　　爲落實前述《科學技術基本法》規定，其於實行細則第22 條第 1 項更規定：「教育科學和技術部應依第 13 條第 1 項之規定每年針對科學技術發展指標進行統計分析。」

2. 各中央部會、地方政府及國家研究開發事業的法人及團體應配合科技前瞻調查進行並研提相關資料

　　爲有利於全國性科學技術預測之順利進行，其於《科學技術基本法》明定執行單位，因應科技前瞻調查執行之需求，可依其職掌向相關之中央行政機關、地方政府、教育研究機關或參與國家研究開發事業法人及團體要求研提涉及調查之相關資料。[5]

3. 各目的事業主管機關可視需求進行科技前瞻調查，並依此作爲規劃科技研發項目之依據

　　韓國於科技前瞻之執行上，除賦予各相關機構及單位應視情況配合義務外，基本法實行細則更規定各目的事業主管機關可針對其管轄之技術領域事務進行科技前瞻調查，並依調查結果規劃管轄之技術領域研發項目推動關鍵技術發展並將該項結果，惟此項科技前瞻調查之結果應向國家科學技術審議會報告並公告之。[6]

4. 前瞻調查結果納入科技政策主要依據

　　爲促進國內科學技術之進步發展，韓國於 1991 年修訂，

規定每隔五年進行一次國家級中長期技術前瞻，檢視未來二十至三十年國家由上而下政策體系變革。2001 年頒定《科學技術基本法》作為科學技術發展之法制基礎。例如：韓國科技政策規劃與形成、科技科技前瞻調查、技術評估等規定。而此《科學技術基本法》確定「國家科學技術審議會議」，掌有國家科技基本規劃最高指導地位。自此，韓國政府重大科技創新計畫，皆以前瞻評估的結果為主要推動依據。

5. 由跨部會組織：國家科學技術審議會議決議科技規劃與推動

2013 年 3 月依新修訂之《科學技術基本法》，設立國家科學技術審議會議，其主要權責包括：科學技術基本計畫、各專項之技術領域之科研規劃、科技預算分配、科研評估、科研人才培育、國際科技合作等科技政策規劃與決策。該審議會議設有兩位首長，分別國務總理、和由總統任命之產業委員代表擔任。會議設有二十三位委員，任期為二年。

韓國科技政策的主導權歸總統層級所管轄，各部會除未來創造科學部外，僅扮演執行角色。2004 年韓國確立未來創造科學部以副總理層級，專責全國科學技術相關事務的規劃與協調，並賦予檢視與調整其他部會科技事務與計畫之權力。

6. 韓國《科學技術基本法》第 13 條、第 14 條：科學技術基本計畫規劃應以技術發展標準評估與技術預測結果為基礎訂定之

依據《科學技術基本法》第 13 條與實行細則第 22 條規定，為明確具體之科技發展方向，應每五年制定科學技術基本計畫，而該計畫之規劃應以技術發展標準評估、技術預測結果為基礎訂定之，其所作之預測結果將作為國家科學技術審議會（原國家科學技術委員會）科技規劃、協調之依據。

7. 韓國科學技術計畫規劃研究院專責機構執行科技前瞻調查

此外，針對科技前瞻之執行部分，《科學技術基本法》亦於第 20 條及實行細則第 22 條第 5 項明文規定應由獨立之機構專責進行技術發展評估、與科技前瞻調查之執行。是以，未來創新科技部委由其轄下 KISTEP 作為執行技術發展評估、科技前瞻調查、國家科技政策規劃研究。而在 KISTEP 組織上，實行細則除規定科技前瞻調查委由 KISTEP 執行外，該機構應依《科學技術基本法》第 20 條設立之。

(二) 韓國科技前瞻制度與作法

1. 科技前瞻第一階段：先期技術發展評估

不同於其他先進國家作法，韓國除將科技前瞻明文規定於《科學技術基本法》第 13 條外，更於技術前瞻調查執行前，進行先期之技術影響及技術發展評估，相關規定規範於第 14

條第 1、2 項。

　　觀諸條文針對技術發展評估之規定，《科學技術基本法》第 14 條第 1 項：「政府應事前評估新科學技術發展所引起的對經濟、社會、文化、倫理、環境等影響，而且應把該結果反映於科學技術政策。」同條第 2 項：「為促進科學技術發展，政府應執行國家性重點技術技術水準評估，進而推動所提升該些技術水準措施。」

　　為配合《科學技術基本法》第 13、14 條科技前瞻與技術影響評估之規定，在實際執行層面上，韓國國家科學技術審議會設立技術發展評估委員會執行每兩年全國性關鍵技術發展評估調查以作為科技前瞻調查與政策制定進行先期之研析[8]。該委員會依專業技術領域設立五項專業小組，來自產官學科技專家擔任專門委員，各小組分別負責其專業領域之技術發展評估分析。而國際技術發展現況、韓國與主要競爭國家發展差異分析則由國家科學技術審議會與 KISTEP 共同設立之綜合支援辦公室進行分析。

2. 科技前瞻第二階段：進行科技前瞻調查

(1)主要由 KISTEP 執行，採用德菲法進行分析，迄今　共執行四次科技前瞻調查

　　技術發展評估調查之結果將逐行作為科技前瞻調查之規劃與選題依據。韓國《科學技術基本法》規定韓國每五年進行科技前瞻調查，是以，自 1993 年迄今共進行四次技術前瞻調查。

　　韓國於 1993 年由科技政策學院（Science and Technology Policy Institute, STEPI）[8]執行第一次國家級技術前瞻調查即建構技術前瞻組織體系，以專家共識的德菲法施技術預測，針對一千一百七十四個項目進行分析，評估期間為其後二十年，並將結果與日、德進行比較評估。1999 年第二次技術前瞻調查，初期仍是由 STEPI 管理，之後與韓國科學技術計畫評估研究院（Korea Institute of S&T Evaluation and Planning, KISTEP）共同管理，此次調查仍以德菲法實施第二次技術預測，針對一千一百五十五個項目進行分析。2003 年第三次技術前瞻調查則是由 KISTEP 負責執行，調查方法上除持續運用德菲法外，更輔以社會經濟需求分析、與未來社會情境分析等預測方法，最近之第四次調查仍由 KISTEP 主責，於研究方法上更著重社會科技發展之態勢分析（參見表 6.1）。

表 6.1 韓國歷次科技前瞻調查表

	第一次	第二次	第三次	第四次
前瞻目的	未來關鍵技術	未來關鍵技術	未來社會與技術發展	開啟未來科學技術新時代
前瞻期程	1995-2015（10 年）	2000-2025（25 年）	2005-2030（25 年）	2012-2034（23 年）
關鍵領域	15	15	8	8
個別技術	1174	1155	761	652

調查指標	科技整備度、重要性、技術發展程度、研發和推廣時間、限制條件等	新增政策措施指標	新增技術領先國家 補助主體	針對第三次調查結果進行後續深入調查 新增投資必要性、國際合作指標
樣本數目	1590	1833	5414	6248
	1198 （有效樣本75.3%）	1444 （有效樣本78.8%）	3322 （有效樣本61.4%）	5450 （有效樣本87.2%）
研究方法	德菲法		德菲法、社會經濟需求分析、未來社會情景描述	德菲法調查、社會需求分析、未來情景描述、文本分析等

資料來源：About KISTEP Organization, Korea Institute of Science & Technology Evaluation and Planning, http://www.kistep.re.kr/en/c1/sub4.jsp (last visited April 15, 2017).

(2)在韓國科技政策規劃架構中，KISTEP 作成前瞻調查後，須將報告提交國家科學技術審議會議，並由該會科技前瞻綜合委員會負責後續前瞻調查落實與各單位政策協調

　　國家科學技術審議會議的科技前瞻綜合委員會設有三個附屬專門小組，分別是為來技術評估小組、未來發展小組、科技前瞻學科小組。其中，技術評估小組成員由各領域科技專家組成，涵蓋十五個技術領域，每項技術領域約十名專家，該小組主要針對 KISTEP 進行之前瞻調查之效益進行評估與檢視，該

小組對調查過程、項目與結果等進行評議，確認該次調查結果是否具代表性與有效程度。而未來發展小組則由社會科學者與科技專家組成，小組針對國家未來社會、產業經濟發展進行分析；最後，由各領域科技專家組成之科技前瞻小組，以前述未來社會發展為變因擇選發展之關鍵技術。

(三) 科技前瞻結果係科技規劃與重大產業科技計畫依據

1. 明文規定國家科技政策規劃應依科技前瞻結果訂定

按韓國《科學技術基本法》規定，有關單位應每五年作成中長期之全國性科學技術發展規劃——韓國科學技術基本計畫。透過基本計畫確認國家五年重點發展領域與方向。例如：2013 年公布之第三次科學技術基本計畫研擬 2013-2017 年韓國科技與創新發展方向。[9]

2. 由未來創造科學部依前瞻結果，統籌基本計畫規劃，並協調各部會建議

韓國科學技術基本計畫主要由未來創造科學部主責，於該計畫規劃前除參考 KISTEP 作成之技術前瞻結果外，另會徵集各部會建議，並以此為基礎，由其所設立之科學技術基本計畫推廣委員會進行基本計畫之研擬，並於規劃過程中，逐步透過專業技術討論會議方式，於初步規劃方向上徵集各界專家建議，而於計畫研擬與意見徵詢之過程中，KISTEP 並一同參與協助，提供計畫規劃方向之諮詢。

3. 科技前瞻結果為推動韓國重大產業科技計畫與指導綱領依據

　　韓國技術前瞻活動於 2002 年底擴展為更具體且與政策連結性高的「國家技術路徑圖」，主要依循「願景—發展方向—策略性產品／功能—關鍵技術」為架構，自 2003 年開始成為重大產業科技計畫的指導依據。國家科學技術委員會規劃，於 2000 年公布「韓國科學技術發展的長期規劃——2025 年願景」（VISION 2025），並成為後續「次世代成長動力計畫」、「2010 年五大科學技術願景」等韓國國家科技創新發展的指導綱領。[10]

三、代結論：韓國科研制度及科技前瞻之特色

　　在科技創新競爭局勢日益激烈的今日，如何藉由科技前瞻機制，擇選最具關鍵發展性之技術，已然成為現今世界重要先進國家共同趨勢。韓國《科技前瞻作法》可歸納四項共通模式：（一）具有跨部會、整合之科技決策機構，以政府力量進行科技前瞻；（二）在組織上，多由國家主要負責科技政策規劃部門內研究機構進行科技前瞻；（三）在前瞻調查設計上運用多回合之德菲法；（四）科技前瞻結果係重要之科技政策依據：如韓國以技術預測結果作為科技基本計畫的規劃依據（參見表 6.2）。

　　觀察韓國之作法，近年來於科技前瞻之運用逐漸納入國家之科研體制中，形成所謂「國家型科技前瞻制度化」發展型態。然而，在前瞻制度化發展上，為有效強化「科技前瞻與科技政策之連動」，使科技前瞻結果除能作為科技政策形成依據外，

亦使其能用以各部會作成施政方向或相關政策研擬之參考，韓國
將科技前瞻作爲科技政策規劃依據、科技前瞻執行期間……等作
法納入國家重要之科技研發法規或政策規定中，使科技前瞻制度
朝向「科技前瞻法制化」態樣發展。而在科技前瞻法制化部分，
各國形成之程度亦有嚴密之區異，韓國以《科學技術基本法》
及其實行細則規定技術前瞻調查應定期執行、專責執行機關、
科技政策制定應以其爲依據，其科技前瞻法制化程度高。

　　相較於韓國及其他國家之科技前瞻作法，我國科技前瞻作
法與制度尚於初步發展階段。目前雖存有科技前瞻調查之規劃
與針對特定技術領域前瞻試作，惟涉及全國性之科技前瞻預測
作法目前仍規劃研議中，如科技前瞻調查方式、主責機構、前
瞻技術期程、是否定期舉行或該項前瞻結果如何與我國科技政
策規劃作一有系統性之連結……等。希冀本文對於韓國科技前
瞻之觀察重點，亦能爲未來我國科研制度及科技前瞻制度精進
之參考。

表 6.2 韓國科技前瞻執行與法制架構

韓國	
執行機關	未來創造科學部韓國科學技術計畫評估研究院（KISTEP） 基本法及實行細則規定
前瞻目的	社會經濟層面以評估及篩選 未來極有高度發展性技術領域
前瞻執行狀況	定期執行 （5 年）基本法規定

前瞻時程		20-25 年
前瞻流程	第一階段	(1) 設立技術前瞻委員會及子委員會 (2) 決定專家群 (3) 決定議題領域及技術清單 (4) 德爾菲問卷設計
	第二階段	德爾菲問卷調查
	第三階段	情境建構 選擇國家關鍵技術 撰寫技術前瞻報告
前瞻調查報告		國家科學檢討 報告、社經需求分析
與科技政策關聯性		高
科技前瞻法制化		高
		以基本法及其實行細則規定 • 技術前瞻調查應定期執行、專責執行機關、科技政策制定應以其為依據 • 科學技術基本計畫規劃應以技術發展標準評估與技術預測結果為基礎訂定之（基本法第 13 條、實行細則第 14 條規定） • 每五年應執行前瞻技術調查。（基本法第 13 條、實行細則第 14 條規定） • 韓國科學技術計畫規劃研究院專責機構執行科技前瞻調查（基本法第 20 條、實行細則第 22 條第 5 項）

注釋

1. Rafael Popper Michael Keenan Ian Miles Maurits Butter Graciela Sainz, EUROPEAN FORESIGHT MONITORING NETWORK [EFMN], Global Foresight Outlook 2007: Mapping Foresight in Europe and the rest of the World (2007); GEORGHIOU, ET AL., THE HANDBOOK OF TECHNOLOGY FORESIGHT, CONCEPTS AND PRACTIC, 1-5 (2008).

2. Supra note 1

3. 歐盟前瞻觀測網絡（European Foresight Monitoring Network, EFMN）係國際性科技前瞻組織，於 2004 年運用歐盟第七科研框架經費設立之國際性科技前瞻組織，其目的為觀察各國重要之科技前瞻活動與執行狀況，針對國際上執行科技前瞻之國家型計畫進行統計分析，此外更定期針對科技前瞻相關議題進行研議。

4. 韓國《科學技術基本法》第 13 條第 1、2 項規定。

5. 韓國《科學技術基本法》第 13 條第 3 項規定。

6. 韓國《科學技術基本法》實行細則第 22 條第 2 項、第 6 項規定。

7. 所謂技術發展評估作法，係依照韓國建立之「國家科學技術未來準備量測指數指標」及「國家科學技術革新能力評價」（Composite Science and Technology Innovation Index, COSTII）：從國家科技研發創新體系中，以經濟合作暨發展組織（The Organization for Economic Co-operation and Development, OECD）30 個國家為對象，進行科學技術革新能力指數與各指標水準的比較、分析，藉此檢視、評價韓國科學技術革新能力水準。有關 COSTII 與技術評估之詳細內容請參見〈국가 과학기술의 미래준비 측정을 위한 방법론 연구 A study on the methodology for the measurement of National Future Index of Research in Science and Technology（FIRST）〉，KISTEP（연구보고 2015-009）。

8. 科技政策學院前身為韓國政府在 1987 年成立的科技政策中心（Center for Science and Technology Policy, CSTP），隸屬於韓國高等科技學院（Korea Advanced Institute of Science and Technology, KAIST）。1993 年 CSTP 正式改名為科技政策學院，專事科技政策研究並向政府提出建議。

9. 韓國第三期科學技術基本計畫（2013-2017）（제 3 차 과학기술기본계획（안）），관계부처 합동（2013），頁 1-3。

10. VISION 2025 以重塑韓國的競爭 與經濟發展為基礎，強調以國家發展、資源投入及效益面，晉身為世界先進國家之列。短期目標以投注大量資源於前瞻性科技發展，健全轉型為知識型國家所需的基礎能力。長期可望藉由本身優勢的提升，進一步晉身先進國家之列，並擁有世界主導的地位。

Part 2

放眼國際動向

7 創新研發聚落與 PPP
——以芬蘭、德國研發推動經驗為例

蔡佳穎、林冠宇

一、前言

公私夥伴關係（Public-Private Partnerships，下稱 PPP）一詞被用來描述在為公眾提供建設或服務時，公部門與私部門間可能的合作關係。其他亦被援用描述此行為的詞語尚有私部門參與（Private Section Participation，下稱 PSP）及私有化（Privatization）。雖然此三個用詞常被混用，但仍有以下差異之處：

第一，PSP 相較於 PPP，較為強調私部門依 PSP 契約所負的義務，而非 PPP 所強調之私人得選擇參與公共任務之執行的夥伴關係。而在 1990 年代中期，此種公私協力的模式在某些發展中的國家遭到一定程度的阻力，部分可歸因於人民對 PSP 以及「私有化」的疑慮，惟其實有些 PSP 的計畫十分具有前瞻性，引起了不少立法之關注，PSP 的一些關鍵經驗被援用改良後，便是我們今日所稱之 PPP。而私有化則牽涉公部門將

　　所經營之服務或資產移轉與私部門或是出售股份使私人成為公司所有者，私有化通常見於商品製造或是建設等傳統上不認為是公部門需專門負責的事物上。

　　其次，於 PPP 之框架下，當有私部門參與時，公部門的角色便是確保其對公眾所負之社會義務（Social Obligation）能確實被履行、部門改造（Sector Reform）之成功以及社會投資機制（Public Investments）之達成。

　　第三，PPP 機制要能有效地分配所欲執行計畫之權利義務與風險於公部門與私部門間。而在 PPP 中公部門所指涉者乃中央各部會、機關與地方政府機關，私部門則指具有該計畫所需之技術或經濟專業之商業組織，並逐漸有越來越多非政府組織（Nongovernment Organizations, NGOs）及社區型非營利組織（Community-Based Organizations, CBOs）參與其中。

　　最後，公部門與私部門在公私夥伴關係中各司其職，以公部門而言，其可能提供主要部分之投資（可能透過租稅優惠）、財產權之移轉或是其他種類的貢獻。公部門亦會架構出該計畫所需注意與達成之社會責任、環境意識以及地方議題，並提供政治支持。而私部門於 PPP 中之角色則為運用其專長於計畫之管理與執行而能有在花費最小的情況下有效率地達成目標，又私部門有時亦會依據契約而為一定比例的出資[1]。

　　簡言之，PPP 可說是一種結合公、私部門之技術與資源的合作形式，公部門可借重私部門的專業、經驗與品質，使其服務更有效率。其與私部門間之平等夥伴關係，而非將公任務移

交私人之私有化或是要求私人執行。為因應今時國家不再負擔主要任務執行者之角色轉變、國家經費的短缺需導引民間資源以持續增進其科技研發之水平與競爭力之需要，各國紛紛開始採行以公私夥伴的方式進行科技研發。本文以下茲以較具特色的芬蘭及德國二國實例為介紹。

二、芬蘭之公私夥伴關係

由於全球化以及特定研究環境之轉變，芬蘭之研發創新政策在最近幾年經歷了幾項改革，2006 年由芬蘭研究創新委員會（Finnish Research and Innovation Council，下稱 RIC）所發動之科技革新計畫（Strategic Centers for Science, Technology and Innovation，下稱 SHOKs）即為一例，其植基於各參與方（包含：學界、產業界及跨國企業等）之緊密合作，並以新的方式分配科技研發（Research and Development, R & D）之計畫資源，被認為能提升並促進科技研發領域的之經濟成長、革新以及就業率[2]。以下茲就 SHOKs 為進一步之介紹：

（一）芬蘭之研發創新體系 SHOKs

SHOKs 之組織型態乃非營利性的有限公司，其不選擇以多方契約建立公私夥伴關係的原因在於機動性之考量。若以契約的方式來建立公私夥伴關係，則契約外的第三人之後若欲加入該公私夥伴關係便相對困難。同時，SHOKs 既具有法

人格，則組織本身便得作為財產權之所有者，並得作為契約之主體。目前芬蘭 SHOKs 共有以下六間公司分別負責不同的研究領域：FIBIC 負責生物經濟（Bioeconomy）、Cleen 負責環境與能源（Environment and Energy）、fimecc 負責金屬工程（Metals and Engineering industry）、DIGILE 負責資訊通訊（Information and Communication）、RYM Oy 負責建築環境創新（Built Environment Innovations）與 SalWe 負責健康與福利（Health and Wellbeing）。SHOKs 尚屬新的科技創新研發機制，運作方式並未完全定型，惟仍具有以下特點：

1. SHOKs 之研究計畫很大部分是由該 SHOKs 公司之所有者所決定，其統籌管理指定領域之科技研發活動。
2. SHOKs 在計畫主要進度、議程、內容被決定之後，得允許外部的人員參與該計畫；非 SHOKs 公司股東之其他公司亦得參與該計畫。
3. SHOKs 得接受 Tekes[3] 以及學術機構（或其他組織）之補助。[4]

（二）SHOKs 研究計畫補助一般條款

　　SHOKs 訂有研究計畫補助之一般條款（General Terms and Conditions for Funding SHOK Research Programmes），對於 SHOKs 之研究計畫之適用對象、計畫執行方式、計畫執行的費用、研發成果之歸屬……等等均有規定，以下擇要述之：

1. 適用對象

　　Tekes 補助之 SHOKs 以及受有政府預算項目授權補助研發創新活動（Grant for Research, Development and Innovation）補助者；參與 Tekes 資助之 SHOKs 研究計畫者亦必須符合研究補助計畫一般條款。即便接受補助者與其他執行者間已就該計畫以契約為權利義務之規定，該研究補助計畫之一般條款仍當然適用於參與計畫之公司與研究組織 [5]。

2. 研究計畫之執行方式

　　研究計畫之參與者與 SHOKs 公司將共同選定計畫之督導團體（Steer Group），負責督導及監控計畫之執行。Tekes 之代表有權參與督導團體之會議，督導團體需將開會通知一併寄給 Tekes[6]。又 SHOKs 公司將指派一個計畫總負責人（Accountable Programme Leader and Project Manager）負責督導及執行該計畫。計畫之參與者於其負責的範圍內，需透過計畫總負責人與 Tekes 為溝通，但計畫負責人非經授權，並不當然成為計畫參與人之代理人或代表人。每個受補助的組織需指定一位專案經理（Project Manager）並通知 Tekes，其得代表（或代理）該受補助的組織，但對該計畫總體並無代表權 [7]。

3. 採購程序

　　採購程序依主體為公司（Companies）與研究組織而異其規定（Research Organizations）：

（1）主體為公司

若 Tekes 或其他公部門的補助超過百分之五十，則受補助者有《公共契約法》（Act on Public Contracts（348/2007））之適用[8]；若採購金額達三萬歐元以上時，需採用競爭性招標（Competitive Bidding）之方式。

（2）主體為研究組織（Research Organizations）

只有供受補助者使用並且為了達到研究計畫所需之花費始屬於計畫費，而計畫之採購需要符合公共契約以及相關行政法規[9]。

4. 補助範圍

公司若有就研究計畫中所為之產出利用所得之收入（Income），需於最終報告（Final Report）之前通知 Tekes，若有實質收入（Substantial Income），則 Tekes 得對於公司商業營運的費用不予補助。受補助對象為研究組織時，則補助款不得作為商業用途[10]。研究計畫之參與者對於其他公家之補助（包含國家、縣市政府、公部門組織等）均需列明於計畫之成本報表（Cost Statement）中。公部門補助於有限公開模式中（Limited Publicity Model）不得超過計畫總經費之百分之六十，於廣泛公開模式（Wide Publicity Model）中則不得超過百分之七十五，Tekes 於必要時得視情況縮減補助款[11]。

5. 外國公司之參與

外國公司與外國研究機構亦可參與研究計畫，但不得因此接受 Tekes 的補助。另，外國公司也可以提供資金的方式參與研究計畫。外國研究機構得基於研究目地而利用計畫之研發成果，而若該計畫之研發成果係由外國研究機構所產出，則芬蘭之計畫參與者基於研究目的亦有利用之權[12]。

6. 研發成果之歸屬與利用

計畫之研發成果歸屬於產出之計畫參與人；若該成果由數計畫參與人共同產出，則其共有該成果，其亦得約定由一人單獨所有，而當研究機構為公司之分包者（Subcontractor）時（且公司與研究機構均為依據廣泛的公共參與模式計畫參與者），則由研究機構取得該成果[13]。計畫之研發成果於符合法定情形下得移轉予計畫參與人以外者，但取得人亦受此計畫研究計畫補助一般條款之拘束[14]。

計畫之參與者均得無償利用該研發成果，其利用範圍為全球，惟參與有限的公眾參與模式（公部門補助不超過計畫60%）研究計畫之國際公司，對歸屬於研究組織之研發成果，不得無償使用之[15]。又研究計畫之參與者，對其取得之成果利用權不得再授權他人，惟在廣泛公開模式中（公部門補助不超過計畫百分之七十五），參與計畫之研究組織得基於研究目的，再授權於其他研究組織[16]。

（三）小結

　　芬蘭 SHOKs 係以成立非營利有限公司的方式，來進行科技研發。由於具有法人格，相較於以契約約定權利義務的合作方式而言，其處理及運作起來較不複雜。而各公司因具有法主體，得擁有財產，成員之加入與退出亦較為方便，研究不會因為成員之退出而中斷。公司亦得針對某一特定領域技術，投入人力與資金長期耕耘。

　　在研究成果的運用上，研究成果原則上歸屬於計畫參與人，並依公部門單位補助比例上限區分為有限的公眾參與模式與廣泛的公眾參與模式，在廣泛的公眾參與模式中，若研究機構為公司分包者，則由研究機構取得研究成果，因此時研究機構應為主要構思出研究成果者。研究成果得依法移轉於第三人，但第三人仍受此研究計畫一般約款的拘束。

　　其允許外國公司參與研究計畫或對研究計畫出資，但權利相較芬蘭本國人受有限制，外國公司參與研究計畫時不得領有 Tekes 補助，而若該計畫之研發成果係由外國研究機構所產出，則芬蘭之計畫參與者基於研究目的亦有利用之權。

三、德國之領先聚落計畫

　　如今許多國家藉著發展聚落政策（Cluster Policies）或計畫促進研發或推動特定科技政策，而德國乃歐洲國家中，

聚落政策發展之先驅。德國為了提升其中小企業（Small and Medium-Sized Enterprises）之產值並促進其研發，採取鼓勵各區域之產業緊密合作的方式，而在國家層級以及各聯邦政府層級均有補助之提供 [17]。

德國在 1990 年代舉辦了 BioRegio 競賽，作為傳統的補助研發方式之替代，由於在當時多有相關研究及實證結果顯示，具有地緣關係的產業間合作研發之效果良好，其遂以此種區域間之競賽促進區域產業合作研發，以求補助能達到最大效益 [18]。

到了 2007 年，德國之聯邦教育及研究部（Germany Ministry for Education and Research, BMBF）開啟了領先聚落競賽（The Leading-edge Cluster Competition），藉著提升區域聚落（Region Cluster），以強化並提升國家整體研發能力。其認為扶持領先聚落（Leading Cluster），可以激發該區域的科技革新以及經濟發展。若該聚落所提出的計畫具有前景以及潛在的市場價值，並有望於未來在其科技領域取得領先地位，則便可獲得補助。在 2008 年、2010 年、2012 年的三波競賽中，共有十五個聚落被選為「領先聚落」，每個聚落可得到在五年期間四千萬歐元之補助。評選單位乃一獨立的評選委員會，由富有聲譽的產業專家以及學者所組成。又此競賽大力支持區域性的聯絡網路（Regional Network），其認為若能創造出適合研發的環境（包含產業界與學術界之緊密合作），則能藉此達到科技革新並取得國際領先之地位 [19]。而因應全球化之趨勢，德國領先聚落計畫開始強調跨國合作，若其他國家的組織有適

合者（需特別考量其專業能力、資金或專業分工（Division of Labour）以及該國之專利相關法制和協定等等），亦得成為合作對象 [20]。

綜上可知，德國領先聚落之核心理念乃以區域為中心，藉著該區域間學界與產業的緊密合作，促進研發創新。而補助分有聯邦層級（Federal Level）與國家層級（National Level）：

（一）聯邦層級

德國的十六個聯邦分別依據其所欲強化的領域（包含科技、商業及創新領域）、區域之特性及專長定有許多辦法以促進其聚落發展，其所提供補助的範圍包含聚落管理（Cluster Management）、創新計畫教育活動等。

（二）國家層級

國家層級之聚落競賽計有 go-cluster、領先聚落競賽及創業地區（Entrepreneurial Regions）三種。領先聚落競賽則由 BMBF 舉辦，優勝者得取得補助 [21]。創業地區之補助計畫由 BMBF 負責，其主要聚焦於之前西德之特定科學技術以及商業技巧，希望為地區性的商業聚落提供發展之基石。而德國之科研創新政策目前以聯邦經濟及能源部主導之 go-cluster 計畫及 BMBF 主導之領先聚落競賽為主要，彼此互為配合，之後分別就其細部內容為介紹。

（三）德國聯邦經濟及能源部之 go-cluster 計畫

此計畫的起源在於德國希冀能扶植出有公司企業與學術研究機構能緊密合作，以彼此的長處互相補強，建立長期之地方聚落，並且能將研發成果商業化。

1.go-cluster 計畫之重點

「go-cluster」會針對以下的目標群體提供以需求爲導向的服務：聚落管理人（Cluster Managers）、聚落執行人或代表人（Cluster Players or Representatives），目標在於培養其該聚落由區域型聚落轉爲國際型聚落，並且提供國際趨勢與資訊予需要的聚落。

2. 加入 go-Cluster 之資格

所有的德國科研聚落可以申請加入此計畫，加入之後若符合一定的質量標準（Quality Criteria），則可獲得歐盟卓越聚落計畫之（European Cluster Excellence Initiative, ECEI）金色標章（Gold Label）或銀色標章（Silver Label），用以表彰該聚落所具有的研發、計畫執行、管理能力。而 ECEI 乃歐盟秘書處（European Secretariat）爲了推進歐洲各國之聚落成爲世界級聚落而於 2009 年所發動的競爭力與革新強化計畫（the Competitiveness and Innovation Program）下之一支，爲了提升聚落之各方能力，其並會提供聚落相應的支援與建議 [22]。

3.go-cluster 計畫所能提供給會員聚落之好處

會員加入 go-cluster 計畫後，一方面可以提升聚落本身能力且得申請使用「Go-Cluster: Exzellent vernetzt!」的標誌，表彰其卓越創新之能力，且得利用該計畫與德國及歐洲的其他聚落建立聯絡網路。

（四）BMBF 之領先聚落競賽

BMBF 依《聯邦預算執行法》（Bundeshaushaltsordnung）第 44 條之授權訂有《領先聚落競爭辦法》（Richtlinien für den Spitzencluster-Wettbewerb des Bundesministeriums für Bildung und Forschung im Rahmen der High-Tech Strategie für Deutschland）（簡稱《競爭辦法》），以下擇要述之：

1. 補助金額與期間

該比賽總共有三回合，每回合間隔半年至一年，優勝的五個聚落將會得到 BMBF 提供之總額高達二億歐元的補助，每個聚落得受補助的期間最常可達五年[23]。

若受補助者為商業公司，於其符合法定允許申報之計畫費用，BMBF 至多可補助百分之五十[24]；補助時需注意不違反歐盟委員會（EU Commission）之國家補助研發創新及小企業之補助規則之相關規定，若受補助者符合歐盟委員會所定義的中小企業，則可領取更高額的補助[25]。若受補助者為大學、研究機構或是其他相類似的組織，最多可以全額補助[26]。

　　競賽者所提出的策略得否成功，其執行方法舉足輕重，因此參賽者需就其計畫提出相應的執行方式。就其所提出的計畫需與下列相關：（1）科技研發與創新；（2）對於 R&D、國內外人才、國際聚落市場等之設施設備與機制以及聚落執行、管理能力之提升。值得注意者，參賽者需已有一定的規模，得自主營運，基礎必要的設備並不在補助範圍內 [27]。

2. 補助對象

　　在此競賽中「聚落」定義其實是一個集合體的稱呼，其目的在於連結該科技領域的團體，藉著其互相合作結為聚落，成為該領域的佼佼者。因此不論是營利公司、大學、教育與研究機構或是公益組織均為受補助對象 [28]。而為達「補助激勵產業創新並進而提振經濟」之目的，因此在對競賽者所提的策略做評選時，除需考量發展潛力與創新性外，該聚落本身規模與發展現況亦不可忽略 [29]。

　　選出優良聚落後，進一步的權利義務歸屬則由補助單位與該聚落為約定，BMBF 之研發補助契約條款內容摘要如下：

　　（1）受補助人之工作內容

　　受補助人之主要工作為科技研發，並包含執行研發所必要之附帶行為及成果，設計草圖、模型、實驗記錄、筆記等等亦均屬之 [30]。因此研發成果包含：執行研發契約所產出的發現、發明、發展中的方法、程式，實驗階段或產品化階段的草圖、模型均屬之 [31]。

（2）受補助人與其員工的權利義務

受補助人需與員工以書面約定，就研發契約的工作與要求為執行，在研發契約變更或終止時，應立即通知員工 [32]。而定作人有權查閱工作進度以及相關文件，而相關文件包含就科技研發有關之材料與員工的記錄 [33]。員工不對執行研發契約所引起的結果對第三人負責，受補助人所造成的損害負責 [34]。又受補助人有定期報告之義務 [35]。

3. 補助範圍

補助僅適用於達成研發契約的目的之用途上 [36]。

4. 研究成果之歸屬

研究成果由受補助人享有全部的權利與員工不同，受補助人需確保計畫產出的研發成果符合研發契約的目的，並且其運用需符合聯盟之利益，而非其私人利益 [37]。

5. 其他規定

如有侵害智慧財產權利之情形發生時，研發補助契約之締約者均有義務通報 BMBF，並配合 BMBF 採取相關後續法律動作 [38]。

（五）小結

作為提升科研能量之公私夥伴機制，德國高科技戰略之領

先聚落計畫係先由各地企業、大學、研究機構等等組成聚落，之後提出研究計畫參與 BMBF 所舉辦之競賽，取得優勝之聚落因此可以獲得補助。而在對計畫作評選時，除發展潛力與創新性外，該聚落本身規模與發展現況亦不可忽略，受補助者需有一定規模，並得自主營運。

德國藉此機制，一方面搭配 Go-Cluster 計畫，強化各地聚落之能力，並促使地方結盟，同時因為評選時會考量發展現況，因此選出的聚落將會屬於執行計畫有一定經驗或規模者，之後再投注補助資金，可以使該聚落就其研究計畫更進一步發展外，該聚落亦可帶動地方整體發展，建構出更好的科研環境。

在德國高科技戰略之領先聚落計畫補助辦法與金額上，若受資助者為商業公司，則最多領取百分之五十，若為中小企業，則可領取更高額補助，若是大專院校或學術研究機構則最多可全額補助。而研發成果由受補助者享有全部權利，惟產出之研發成果需符合契約目的，且研發成果之運用需符合聚落之利益。

四、代結論：產業聚落式研發主體的特色

芬蘭與德國的 PPP 研發模式，可歸納為產業聚落式研發主體為特色。於芬蘭（及下一章節之日本），分別以 SHOKs 及研究組合此等非營利法人的方式，讓公部門與私部門能夠順

利加入特定領域之研究計畫中，同時獨立組織之設置使合作研發工作更容易進行。公私夥伴之成員可以共享研究設施設備與人才，節省所需投入之資源。

　　德國高科技戰略之領先聚落競爭計畫係藉著使企業、大學及研究機構所組成的聚落參與競賽領取補助，其並與 go-cluster 計畫互爲配套，藉以強化聚落成員之能力並促成聚落成員間合作，進而提升德國整體之研發能力，同時帶動地方發展。於研究成果之歸屬運用方面，以 PPP 進行研發，其成果原則上均歸屬研究計畫執行者。芬蘭 SHOKs 因爲具有獨立法人格，因此研究成果得 SHOKs 本身享有，研究成果之運用則依據章程，章程通常會將計畫目的規範爲事業目的，因此研究成果之運用自不得違反該目的。又由 SHOKs 爲非營利組織，因此以營利爲主要目的之商業化情形便不在組織之事業目的範圍內。德國高科技領先戰略計畫，係以聚落爲單位，而聚落成員間之權利義務則依契約約定，產出的研發成果需符合契約目的，研發成果之運用則需符合聚落之利益。

　　芬蘭與德國之創新模式，可謂運用該國產業群聚以及自律之特色，代國家從事自主且自律的研發，不但使資源投入（國家間接補助）研發更有效率，研發的成果運用也更直接注入爲產業競爭利之動能，相當值得仿效。

注釋

1. ASAIN DEVELOPMENT BANK, *Public-Private Partnership Handbook* 1-2(2008), http://www.adb.org/documents/public-private-partnership-ppp-handbook (last visited August 5, 2017)

2. MINISTRY OF EMPLOYMENT AND THE ECONOMT, "*Licence to SHOK?"External Evaluation of the Strategic Centres for Science, Technology and Innovation* 5, 11 (2013), http://www.tekes.fi/globalassets/julkaisut/licence_to_shok.pdf (last visited August 5, 2017); Veugeler et al. (2009): *Evaluation of the Finnish National Innovation System-Full report 28:* https://www.etla.fi/wp-content/uploads/InnoEvalFi_FULL_Report_28-Oct-2009.pdf (last visited August 5, 2017).

3. 芬蘭創新技術處（芬蘭就業經濟部（Finnish Funding Agency for Technology and Innovation）之轄下單位）。

4. Veugeler et al., supra note 2, at 30.

5. SHOKs 補助一般條款 1。

6. SHOKs 補助一般條款 2.1。

7. SHOKs 補助一般條款 2.2。

8. 亦即需依政府採購法辦理。

9. SHOKs 補助一般條款 4.2。

10. SHOKs 補助一般條款 5。

11. SHOKs 補助一般條款 6，廣泛的公開模式與有限的公開模式參 SHOKs 補助一般條款 16.2 及 16.3，廣泛公開模式中，不論研究成果的性質或內容，執行研究計畫的組織需於研究成果完成時立即公開；而有限公開模式，研究成果的公開內容較廣泛的公開模是少，惟至少需包含計畫名稱、公家補助的數額、公家補助之密度、以及一般性地描述所涉及研究

素材（research substance）及結果。

12. SHOKs 補助一般條款 9。

13. SHOKs 補助一般條款 11。

14. SHOKs 補助一般條款 12。

15. SHOKs 補助一般條款 13。

16. SHOKs 補助一般條款 14。

17. Sophie Hantsch, Helmut Kergel, Michael Nerger, Thomas Lämmer-Gamp, and Dr. Gerd Meier zu Köcker, *Cluster Management Excellence in Germany-Germany Cluster in Comparison with European peers* 1(2013), http://www.cluster-analysis.org/downloads/CountryReportGermany2012.pdf (last visited August 5, 2017).

18. Holger Graf, Uwe Cantner, and Susanne Hinzmann, *Policy induced innovation networks: the case of the German "Leading-Edge Cluster competition"* 2 (2013), http://zs.thulb.uni-jena.de/servlets/MCRFileNodeServlet/jportal_derivate_00229695/wp_2013_008.pdf (last visited August 5, 2017).

19. Id, at 4.

20. Clusters - Networks - International, Federal Ministry of Education nd Research, https://www.bmbf.de/en/internationalisation-of-leading-edge-clusters-forward-looking-projects-and-comparable-1416.html (last visited August 5, 2017).

21. Federal Level, clusterplattform, http://www.clusterplattform.de/CLUSTER/Navigation/EN/NationalLevel/SpitzenclusterWettbewerb/spitzencluster-wettbewerb.html (last visited August 5, 2017).

22. The European Secretariat for Cluster Analysis, European Secretriat for Cluster Analysis, http://www.cluster-analysis.org (last visited August 5,

2017).

23. 《競爭辦法》第 1.1 條第 10、11 項。

24. 《競爭辦法》第 5 條第 2 項。

25. 《競爭辦法》第 5 條第 4 項。

26. 《競爭辦法》第 5 條第 3 項。

27. 《競爭辦法》第 2 條第 2 項。

28. 《競爭辦法》第 2 條第 1 項。

29. 《競爭辦法》第 2 條第 2 項。

30. 《競爭辦法》第 1 條。

31. 《競爭辦法》第 10 條。

32. 《競爭辦法》第 2 條第 2 項、第 4 項。

33. 《競爭辦法》第 2 條第 3 項。

34. 《競爭辦法》第 3 條第 4 項第 3 項。

35. 《競爭辦法》第 9 條。

36. 《競爭辦法》第 3 條第 1 項。

37. 《競爭辦法》第 11 條。

38. 《競爭辦法》第 13 條。

8 公私夥伴研發創新
——以荷蘭與日本經驗為核心

王怡婷、蔡佳穎

一、前言

我國經濟部科技研發創新之補助政策，主要透過法人科技專案計畫、企業創新研發專案計畫、學界科技專案計畫等三大政策工具，配合產業脈動與需求，適時開發或引進產業所需的技術，落實研發技術移轉產業界。上述以執行單位（分別為研究機構財團法人、企業、學校）為區別的補助方式，可區分補助方式（例如對企業的補助不超過全案金額百分之五十）與管理機制，並有計畫管理上的優點。然而，產學研三者的合作，也具有研發創新上互相截長補短的優點，故三者合作，也一直是法規上、政策上所鼓勵者。

近五年我國企業部門研發經費支出成長率高於 OECD 整體平均值、占企業附加價值的比例也逐年提升，顯示我國企業部門對研發與創新活動的投入日益增加[1]。由此可見，在法人、業界、學界三大科專投入的面向上，如何整合研究機構、產業、

學術界三者的長處與能力，在我國研發環境上述趨勢下，將是更能發揮研發資源投入總體效益的關鍵。

　　世界各國亦不乏各種整合產學研的研發創新模式，其中以公私夥伴關係（Public-Private Partnerships，下稱 PPP）概念貫穿結合政府、企業、研究機構及地方優勢與特色的發展方式，特別值得就其具有代表性的態樣進行關注。本文將以荷蘭、日本兩國經驗為例，介紹其公私夥伴研發模式之特點及其補助條款重點，例如研發合作時最注重的成果歸屬與權利分配之契約設計。

二、荷蘭 NWO 科研公私夥伴科研創新模式

　　自 2012 年開始，荷蘭科學研究組織（Netherlands Organisation for Scientific Research, NWO）會擇定幾個重點領域，該重點領域係包含：農業食品、園藝及繁殖材料、水（Agri & Food, Horticulture & Propagation Materials, Water）、生物經濟、化學、跨部門的資訊和通信技術方案（Biobased Economy, Chemistry, Cross-sector theme ICT）、創意產業（Creative Industry）、能源產業（Energy）、生命科學與健康（Life Sciences and Health）……等等領域[2]，並由其中擇定有發展前景的計畫（Top Program），以公私夥伴關係推動發展，其每年投注於該重點領域研究金額大約二億四千五百萬歐元，其中投注於公私夥伴關係計畫中的金額高達一億歐元[3]。公部門與

產業以及研究者間之權利義務關係依合作強度以及產業投入的資金而有所不同。[4] 而荷蘭的公私夥伴關係依此公私夥伴的發動者不同而有三種不同的類型，以下分述之：

（一）科學家發動的公私夥伴關係（Science Takes Initiative）

　　科學家發動並尋求與公司或相關組織進行共同研究之公私夥伴關係。由科學家提出研究目的與構想（該研究構想與目的需屬於前述之重點領域範圍內），並尋求其他公私研究夥伴的支持合作。而該公私夥伴關係成員共同監控研究進度並於研究成果有具體產出時參與其運用。發動者之出資通常有限，占計畫約百分之十至百分之二十，且通常是實物（In Kind）出資。

（二）共同發動的公私夥伴關係（Joint Initiative）

　　科學家與其他的公私夥伴一同建構研究目的與構想（該研究構想與目的需屬於前述之重點領域範圍內），而發動者之出資大約占計畫的百分之十至百分之四十，包含實物與現金（Cash）出資。

（三）產界發動之公私夥伴關係（Business Takes Initiative）

　　由擁有特殊技術之一家公司或公司聯盟與科學家共同發動公私夥伴關係，與 NWO 及其他公部門或私部門之夥伴共同對該研究計畫為投資。在此情形下，公司能夠更深入的參與研究

計畫，並與研究者建立長期合作關係，整體的合作關係更為緊密。發動者提供的資金占計畫之百分之三十至百分之五十或更多，且原則上全部為現金出資[5]。

NWO 就科技研發補助定有補助辦法：《荷蘭科學研究組織 2015 年補助規範》（下稱《NWO 補助規範》）[6]，其對補助的申請程序、評估規則與決策程序均有規範。在申請人取得補助的情形下，並有一般條款適用於 NWO 所有的科技研發補助，包含全額補助與部分補助，或是有其他外部資助者的補助方案。惟仍有兩項例外：其一為小額補助的情形，屬於不超過五萬歐元補助申請。其二為由 NWO 實施但完全且主要是由另一單位資助，若另一資助單位同意適用此補助辦法則不在此限。而就公私夥伴關係中的各成員間權利義務關係以及相關補助規範，NWO 於「科研補助協議」（Approval of Funding for Scientific Research, 2008）及「利益衝突行為準則」（NWO Code of Conduct on Conflicts of Interest）[7]有為更進一步的約定[8]。

三、荷蘭之科研補助條款

（一）得受補助之對象

申請人必須是《NWO 補助規範》1.1.1 指定學術機構的研究人員，且必須具有至少碩士學位或是同等資格，在申請補助期間持續從事申請補助的研究，若申請人未執行研究計畫，此人也必須擁有博士學位或本身是教授級人士。若申請人不具學

位，則須提出在此研究領域或監督領域擁有足夠經驗的證明[9]。

（二）評估補助的方式與撤銷機制

NWO 評估是否給予申請人補助時，可採以面談與現場參觀評估的方式[10]。

（三）補助範圍與設施設備

除非補助決定作成時另有規定，否則以補助款採購的材料設備將成為該進行研究的學術機構財產。在補助決定的階段，可在特殊設備的補助條件上附帶條件，例如 NWO 可要求受補助機關將特殊儀器設備提供予他人使用[11]。

（四）計畫執行人與雇員之責任

在研究計畫的執行期間，需保證其研究行為符合科學技術研究領域的相關法規或特定專業領域所公認的行為守則，而若受補助的研究活動有侵害第三人利益之虞，則計畫人員與雇員需採取避免風險的行為並保證 NWO 不會因此遭受第三人索賠[12]。

（五）研究成果之利用

NWO 補助之研究結果應盡可能公開並有利於未來研究使用。但計畫負責人或學術機構為保障利用研究結果之權利，可延後公開至研究結果產出後的九個月。

（六）計畫負責人責任

　　基於散布及應用領取公眾補助所產出之研究結果的目的，計畫負責人或是學術機構必須確保在執行研究之前，若有非該機構聘僱的研究人員，該等研究人員需以書面放棄研究成果之權利。而第三方對研究專案即使有金錢或是其他實物出資或補助，亦不代表他們有權使用或應用研究結果，除非在研究計畫進行前以協議另爲約定，且此協議亦不可損及國家依出資得利用研究成果的權利範圍[13]。

（七）開放近用

　　NWO 所贊助的研究成果必須符合 NWO 的開放近用政策（Open Acess），適用範圍包含所有 NWO 補助之研究計畫所產出之科學刊物（Scientific Publications）與研究資料（Research Data），其目的在於讓這些有價值的知識產物得被其他研究者、公司以及公家機構使用[14]。

（八）成果權利歸屬

　　NWO 得擁有研究成果之相關智慧財產權，但必須是基於特定研究補助之目的有此必要，且 NWO 須於事前與執行單位以書面簽訂契約，並就專利劃分及利用方式爲約定，但若該研究計畫是在國外執行，且完全由該國之學術機構負責則不在此限。又若該研究計畫是在國外執行且完全由該國之學術機構負

責，在並不損及荷蘭之當事人依荷蘭《專利法》可享的權利下，則該國之學術機構就研究成果之開發及利用得依該國《專利法》之規定。而此類協議通常針對個案有所不同，又參與協議之雙方應就執行研究計畫及使用研究成果所需之相關智慧財產權或技術爲必要之約定（例如交互授權條款）[15]。

（九）雇員權利

而在公私夥伴關係中的成員與其雇員間關係則適用「科研補助協議」（Approval of Funding for Scientific Research, 2008），雇主就研發成果享有法定權利，在某些特定情形下，NWO 就其部分資助或全部資助的研究項目所生之研究結果，得事先約定享有部分權利[16]。

四、日本產學合作政策與技術研究組合

日本經濟產業省於促進技術革新及環境整備上一向不遺餘力，並推動各項政策。其中技術研究組合制度[17]之「組織可變」特色所帶來的成果運用導向功能，其最新發展相當值得關注：

（一）產官學合作政策

產官學合作政策之目的在於使日本產業界、學術界及官方對於科技研發的合作更爲密切與便利，故於法制上進行一系列的調整，自 1995 年開始，制定了《科學技術基本法》，作爲

科技研發計畫之基本法，於 1998 年制定了《促進大學等實施技術研發成果移轉給民間企業法》（簡稱《大學等技術移轉促進法》）。TLO 乃技術移轉機關的簡稱（Technology Licensing Organization），作為大學產出的智慧財產權移轉予產業界的中間媒介機關，目的在連接學術界與產業界的落差，並使大學產出的研發成果更能為產業界利用[18]。1999 年制定《產業活力再生特別措施法》，類似日本版的拜杜法，降低學術機構授權產業的專利權利金，而到了 2000 年制定了《產業技術力強化法》，允許 TLO 得無償使用國立大學的設施設備；允許大學教師兼任 TLO 之職員或是運用研究成果之企業職員； 2004 年《國立大學法人法》施行大學法人化，並允許 TLO 之出資。2006 年修正《教育基本法》，明文表示大學具有探索新知創新研發並將研發成果提供公眾促近社會進步之角色功能[19]；而於 2013 年，制定了《產業競爭力強化法》，允許國立大學對特定研究成果事業為投資[20]。

（二）技術研究組合

　　日本於 1961 年通過施行了《礦工業技術研究組合法》，並於 2009 年修正改為《技術研究組合法》，擴大技術組合適用的技術領域範圍，並允許之後該技術研究組合變更組織為股份有限公司或有限公司。

　　所謂技術研究組合係指複數個企業、大學與產業技術研究法人等基於研究目的，依據《技術研究組合法》設立並經主管

機關（主務大臣）認可之法人 [21]。其屬於非營利、利益共通之
法人，各組合員基於共同的研究目的，共用研究員、研究經費
及設備等等，研究成果並共同管理 [22]。而不論是法人、個人、
外國企業、外國人，只要對於共同研究成果得直接或間接利用
者，均得成為組合員。大學院校、研究型獨立法人、地方自治
團體、以研究為主要的財團等，均亦得為組合員 [23]。技術研究
組合可為之事業包含以下：

1. 組合員進行研究及研發成果管理事務。
2. 對組合員技術指導之行為。
3. 於研發目的範圍內提供設備予組合員使用。
4. 與前三項事業相關的附帶事業 [24]。

　　組合員依章程需投入賦課金作為組合運作之費用，而組合
員所投入之賦課金之後將被視為公司內部之研發經費，可減抵
法人稅 [25]。於研究開發行為終了後，亦得變更組織為股份有限
公司或有限公司，使研發成果得為更有效益之商業運用。

　　而技術研究組合一般被認為有以下好處：1. 具有法人格，
法律關係明確；2. 獨立於組合員的法人格，使具有競爭關係的
企業參與更為方便；3. 在研發階段之組合員的變動不會影響技
術組合本身的財產，研發活動因而得持續進行；4. 研發活動終
止後得變更組織公司化，由非營利組織變更為營利組織，研發
成果得不受限制的進行商業化此使用，並於前階段吸引更多公
司企業之加入 [26]。而在 2014 年，綠色苯酚・高機能苯酚樹脂
製造技術研究組合（GP 組合）（グリーンフェノール•高機能フ

ェノール樹脂製造技術研究組合）變更組織爲股份有限公司，
此乃 2009 年《技術研究組合法》修正以來之首例。GP 組合乃
2010 年設立，研發利用 RITE 菌，以非可食用的植物爲原料，
提煉出綠色苯酚之技術。在可預期此技術具營利能力後，GP
組合便申請變更組織爲グリーンフェノール・高機能フェノール樹
脂製造技術股份有限公司（GP 股份有限公司）[27]。可見技術
研究組合於實務有一定扶植科技企業成立的效果。

五、代結論：荷蘭與日本創新研發夥伴關係之特點

　　荷蘭 NWO 自 2012 年便開始以公私夥伴關係的方式發展
科技，其公私夥伴依發動主體不同得區分爲：發動主體者爲科
學家者，通常爲實物出資，出資比例亦較低；若發動者爲商業
公司，則原則上現金出資，出資比例亦較高，最高可達全額出
資。而不論發動主體爲何，NWO 對於得申請補助者均有一定
學歷（或是同等資歷）的要求。

　　NWO 在評估是否給予補助時，可以採取面談或現場參觀
評估之方式，而 NWO 亦得附帶條件要求補助所購買的特殊儀
器設備提供他人使用。而 NWO 補助所生的研究成果應盡可能
公開並有利於未來的研究使用，例外情形則可延後公開。

　　又研究成果原則上係歸屬受補助者，但 NWO 在於特定研
究補助之目的有此必要，得於事前與受補助者簽訂書面協定取

得研究成果之權利。又若該研究計畫是在國外執行且完全由該國之學術機構負責，在並不損及荷蘭方之當事人依荷蘭《專利法》可享的權利下，則該國之學術機構就研究成果之開發及利用得依該國《專利法》之規定。國際合作的公私夥伴間彼此的權利義務會因個案約定而有不同。

　　日本採取公私夥伴關係以促進科技研發，其中產官學合作政策係於法制上進行調整，目的在使公私夥伴關係得進行得更順利，另外並修訂《礦工業技術研究組合法》為《技術研究組合法》，擴大技術研究組合適用的研究領域。

　　而企業、大學與產業技術研究法人等基於研究目的，依據《技術研究組合法》設立並經主管機關（主務大臣）認可後即可成立技術研究組合，組合員依章程繳交賦課金，之後亦可減抵法人稅，組合員間亦可共享研究設施、設備與人才。其之後於研發成果展出後，得變更組織為有限公司或股份有限公司，此不但使之後研發成果欲為商業化等運用更為方便，且更具吸引組合員加入之誘因。

注釋

1. 經濟部技術處，〈2015-2016 產業技術白皮書〉，頁 17。

2. Contacts for Top sectors at NWO, NWO, http://www.nwo.nl/en/policies/top+sectors/contacts (last visited August 5, 2017).

3. NWO and the Top sectors, NWO, http://www.nwo.nl/en/policies/top+sectors (last visited August 5, 2017); NWO contribution to Knowledge and Innovation Contract 2014 and 2015, NWO, http://www.nwo.nl/en/news-and-events/news/2013/nwo-contribution-to-knowledge-and-innovation-contract-2014-and-2015.html (last visited August 5, 2017).

4. Id.

5. Drie PPP variants, NWO, http://www.nwo.nl/en/about-nwo/key+areas/thematic+research+and+ppp/three+ppp+variants (last visited August 5, 2017).

6. 荷蘭科研補助條款又可分為一般補助條款、特殊補助條款與特定領域補助條款。一般補助條款如 NWO 補助規範即屬之；特殊補助條款與 NWO 的特定補助辦法有關，會在各特定補助的相關手冊中發布；特定領域補助條款則適用於 NWO 下特定分部的所有補助決策，該等條款會公布在該特定分部的網站與手冊內。

7. 此準則求補助評估與決定的程序需公平公正。

8. 《NWO 補助規範》前言。

9. 《NWO 補助規範》1.1.1。

10. 《NWO 補助規範》2.2.7。

11. 《NWO 補助規範》4.2。

12. 《NWO 補助規範》4.1。

13. 《NWO 補助規範》4.5。

14. 《NWO 補 助 規 範 》4.5；Incentive Fund Open Access, NWO, http://www.nwo.nl/en/research-and-results/programmes/incentive+fund+open+access (last visited August 5, 2017).

15. 《NWO 補助規範》4.6。

16. 《NWO 補助規範》前言；參科研補助協議（Approval of Funding for Scientific Research, 2008）第 5 點。

17. METI/ 經濟產業省，〈技術振興‧大学連携推進課の施策〉，http://www.meti.go.jp/policy/tech_promotion/index.html（最後瀏覽日：2017 年 8 月 5 日）。

18. METI/ 經濟產業省，〈大学の技術移転（TLO）〉，http://www.meti.go.jp/policy/innovation_corp/tlo.html（最後瀏覽日：2017 年 8 月 5 日）。

19. 參《日本教育基本法》第 7 條第 1 項。

20. METI/ 經濟產業省，〈国立大学等によるＶＣ等への出資〉，http://www.meti.go.jp/policy/innovation_corp/syusshi.html（最後瀏覽日：2017 年 8 月 5 日）；METI/ 經濟產業省，產学官連携の系譜〉，http://www.meti.go.jp/policy/innovation_corp/sangakukeifu.html（最後瀏覽日：2017 年 8 月 5 日）。

21. 經濟產業省，〈「技術研究組合」の概要について〉，頁 3，http://www.meti.go.jp/policy/tech_promotion/kenkyuu/saishin/gikumi1.pdf（最後瀏覽日：2017 年 8 月 5 日）；《技術研究組合法》第 2 條、第 3 條、第 13 條。

22. 技術研究組合制度～共同研究と事業化を応援します～，技術研究組合とは〉，http://www.meti.go.jp/policy/tech_promotion/kenkyuu/01.html（最後瀏覽日：2017 年 8 月 5 日）。

23. 同前註。

24. 《技術研究組合法》第 6 條。

25. 《技術研究組合法》第9條。

26. 技術研究組合制度～共同研究と事業化を応援します～，共同研究組織の活用〉，http://www.meti.go.jp/policy/tech_promotion/kenkyuu/02.html（最後瀏覽日：2017年8月5日）。

27. 経済産業省／産業技術環境局／技術振興・大学連携推進課，オープンイノベーション時代に向けた 技術研究組合」制度の改正と効果〉，https://sangakukan.jp/journal/journal_contents/2015/03/articles/1503-05/1503-05_article.html（最後瀏覽日：2017年8月5日）。

9 歐盟及中國大陸之研發基礎設施整合機制

王怡婷

一、前言

　　政府主導特定研發資源設備整合，係政府為促進研發資源有效運用，直接跳脫原本個別計畫與研發組織之框架，逕行針對各該領域研究設施、資源或設備進行整合或鼓勵其成為獨立之研發主體，由政府主導特定技術領域研發資源設備之整併。例如：歐盟日前公布 Horizon 2020 研發基礎設施工作項目（2020 – Work Programme 2014-2015）[1]，而中國大陸則於 2014 年年初針對貴重科研儀器管理發布重要政策，茲就歐盟及中國大陸相關作法分述之。

二、歐盟研發基礎設施平台

（一）研發資源設備整合之目的

　　歐盟鼓勵會員國運用歐盟科研補助款購置或運用之設備、

資源或服務進行整合，藉由研發基礎設施平台之設立，使研究資源能作最佳化發展與運用。

歐盟因為瞭解到知識研發創造及創新是直接依賴及取決於研發資源整合與運用之基礎上，是以透過所謂歐盟研發基礎設施平台（Research Infrastructures, RIs）[2] 設立整合各項資源，例如：資料庫、通訊網路或各技術領域之研發設備等，期待藉由部分研發設施設備整合，使歐洲既有之研究資源能作最佳化之發展與運用，協助產業強化技術基礎。

（二）依資源屬性區分不同態樣之基礎設施平台

歐盟研發設施平台係於歐盟會員國執行各該歐盟補助之框架計畫，運用歐盟補助款所購置或運用之設施、資源或服務。該項平台可容納各項多元化研究資源，如：人力資源、硬體設備、檔案和資料庫等。其中，歐盟基礎設施平台可以資源屬性大致區分單點型（Single-sited）、分散型（Distributed），或是虛擬型（Virtual）三大態樣。所謂單點型連結，係以獨立且較不易搬動的特定資源為主，如大型研究機械或實驗室器材等。而第二種分散型基礎設施平台係由於資源皆分散於各地，又因其性質多為資料檔案或網絡數據資料，故透過通訊、交通運輸或網路等方式連結分散於各處之資源，如中小型望遠鏡設備或歐盟各部會之紙本資料等皆屬之。最後，所謂虛擬型是無實體之資訊連結，例如各種電子化措施、資料庫等[3]。

根據 Horizon 2020 研發基礎設施工作項目之相關統計顯

示，目前已設立之歐盟研發基礎設施平台共有四十八項，其中，各項平台整合之研究資源主要集中於生命科學、物理電能、與環境科學等技術領域。此外，在四十八項研發設施平台除少數涉及物理電能、與能源開發等技術領域屬於單點型資源運用態樣外，多數研發設施平台多為分散型資源屬性，著重資料檔案、中小型貴重儀器設備之連結。

（三）歐洲研發基礎設施路徑圖

　　「歐洲研發基礎設施路徑圖」（European Research Infrastructures Roadmap 2016）[4]，著重政策面之溝通協調，引導各會員國發展與歐盟彼此協調 RIs 發展政策。為能有效整合各方研發資源與設備，透過「歐洲研究基礎設施策略論壇」（European Strategy Forum on Research Infrastractures, ESFRI）之成立來引導各會員國發展與歐盟協調研發基礎設施平台之政策。所謂 ESFRI 係由歐盟執委會、會員國及各國代表共同討論有關 RIs 發展與使用等議題。ESFRI 提供各會員國 RIs 使用及發展之溝通管道。

　　歐盟執委會更於去年公布最新發展規劃揭示除從「資金面」、「政策面」協助建置 RIs 外，促進目前由各國各自建立與經營零散的 RIs 整合為大型 RIs，該項發展規劃其中包含更新既有 RIs 列表，另提出電子化基礎設施、生物技術開發與國際化合作等重點發展項目。

（四）設置研發基礎設施平台

　　歐盟 Horizon 2020 提供各會員國設立研發基礎設施平台之經費補助，並以發展世界型研發基礎設施平台為目標[5]。歐盟提供各會員國設立研究設施平台之經費補助主要可區分為「新設立」、「已設立」、與「跨國或國際合作政策參與」三大面向。第一種係針對「新設立之研究基礎設施」；針對各該準備階段 RIs 經費補助外，亦提供各項諮詢與技術指導。第二種類型主要針對「既有的研發基礎設施」，係為促使歐盟會員國或聯繫會員境內既有 RIs 更為廣泛的使用，鼓勵已設立 RIs 擴大運用而進行之補助。

　　最後，「跨國或國際合作政策參與」係為鼓勵各 RIs 能參與國際合作或會員國間 RIs 政策或計畫的協調，促成廣泛研究設施運用，歐盟即就促進或參與此類國際合作計畫之資源整合進行補助。例如：同領域之 RIs 形成「歐盟研發區域」（European Research Area, ERA）[6]、或發展成為「歐盟研發基礎設施聯盟」（European Research Infrastructure Consortium, ERIC）[7]、甚至透過既有之研發基礎設施平台與國外學研究機構合作或與經濟合作暨發展組織（Organisation for Economic Co-operation and Development, OECD）之研發設施設備平台[8]作連結。

三、中國大陸科研設施平台[9]

　　為提高科技研究資源運用之效率，推動國家創新研發之能

量與多元化資源整合環境，中國大陸國務院於 2014 年 1 月以
國發［2014］年 70 號發布《國務院關於國家重大科研基礎設
施和大型科研儀器向社會開放的意見》，其重點如後。

（一）統一管理機制

中國大陸規劃於三年內（2015 至 2017 年）針對非涉密之
貴重科研設施儀器進行統一管理，研擬科研儀器管理辦法與制
度。針對中國大陸境內之大專院校、科學研究院所和企業之實
驗室、工程技術研究中心、檢驗檢測機構及科學設施中心等之
基礎研發設備、儀器與資料庫進行系統性盤點 [10]，並規劃於三
年內應逐步實現各該重要科研設施與儀器開放進用。此外，應
針對非涉及機密或特殊運用儀器設備之運用研擬管理辦法與制
度，促成共同科研設備資源之有效管理與運用。

（二）區分管理門檻

貴重科研設備管理制度係價值五十萬元（人民幣）以上
之科研儀器設備應依其技術領域納入管理平台進行資源共享。
為促成共同研發設施之全面管理與有效運用，中國大陸建立跨
部會之國家型研發設施設備管理平台，凡價值五十萬元（人民
幣）以上之科學儀器設備應由主管機關納入此一跨部會平台共
同管理之。而五十萬元（人民幣）以下之科研設備則採自願申
報制，主管機關得依職權視情況選擇是否納入平台管理。

（三）建立促進科研設備活化運用機制

針對納入平台管理之科研設備，管理單位於對外提供服務時，除可依儀器使用成本酌收價金外，亦能視情況酌收服務費。該項服務費用應由平台管理單位統一管理，並列編於單位之管理預算中。為鼓勵並活用已購置之科研設備，該項公開意見亦規定凡欲申請國家型科研補助項目之申請單位，若能出具其於經費運用上將規劃既有之科研設備運用，即能優先獲得該項科研補助之申請，藉由此一措施鼓勵各界促進既有之研發設備資源擴大運用。

四、代結論：歐盟與中國大陸促進研發資源設備整合之省思

在科技創新競爭局勢日益激烈的今日，如何促成各界研發合作已成為產業技術研究發展的重要手段。然而，由於各國產業創新體系與發展方向不盡相同，進而衍生不同之促進研發合作模式設計，政府於政策推動之高度與施力點亦有所異。在以「資源整合與運用」、「組織內部資源配置」為主軸，探究各國在共同研發框架下，細部促進合作機制、措施或做法、與政府促成研發活動所扮演之角色高度。不同於產業主導資源連結之模式[11]，歐盟與中國大陸則為政府主導研發資源之代表。

「政府主導資源整合」之政策邏輯，主要由政府以主導促

成產學研各方資源匯集。政府主導之「特定研究設備整合」係
為避免研發資源過度分散、與重複購置之前提下，政府為促進
研發資源有效運用，直接跳脫原本計畫與研發組織之框架，逕
行針對各該領域之研究設施或設備進行整合或鼓勵其成為獨立
之研發主體，如：中國大陸針對貴重研發設備設立全國性管理
平台、或鼓勵歐盟既有之研發設施平台轉型為研發設施聯盟，
使原先受支配與調度客體之研究設施設備，取得法人格後，支
援結構較為鬆散之資源共享合作關係，趨於明確及穩固。

　　我國政府為有效運用已購置之研發設施設備資源，促成
前述共同研發效益，規劃設立研究設施設備平台，已有若干作
法，例如行政院科技會報成立之「貴重儀器開放共同管理平
台」。　我國目前針對研究設施設備做法，較類似於中國大陸
針對貴重儀器之盤點與跨部會平台。

　　研究設施設備共享之積極目的而言，進一步使研究資源能
作最佳化發展與運用，不僅有效運用補助款或所購置之設施，
亦能擴大共同研發效益。為此，可思考將各研究機關構在進行
研發合作運用之設施設備等資源，成為獨立的研發實體，始能
互通資源整合運用。歐盟為整合各該研究機構之設備與資源，
推行「歐盟研發基礎設備聯盟」ERIC 法律架構之提出，讓原
本屬於研發資源投入客體的設施設備具備法人格，使 ERIC 對
內有完全之管理事務、處理財務等能力，對外亦能進行與目的
相關之活動及承擔債務，是相當值得我國借鏡其優點的推行方
式。

注釋

1. EUROPEAN COMMISSION[EC],*Horizon 2020 – Work Programme 2014-2015European research infrastructures (including e-Infrastructures)* (European Commission Decision C (2014) 4995 of 22 July 2014), http://ec.europa.eu/research/participants/data/ref/h2020/wp/2014_2015/main/h2020-wp1415-infrastructures_en.pdf (last visited August 5, 2017). HORIZON 2020 , *Research Infrastructures*, http://ec.europa.eu/programmes/horizon2020/en/area/research-infrastructures (last visited August 5, 2017).

2. Research Infrastructures, European Commission, http://ec.europa.eu/research/infrastructures/index_en.cfm (last visited August 5, 2017).

3. MARIE CURIE ALUMNI ASSOCIATION, Definition *of the day: European Research Infrastructures (RIs)*, https://www.mariecuriealumni.eu/newsletter/definition-day-european-research-infrastructures-ris (last visited August 5, 2017).

4. EUROPEAN COMMISSION[EC], *European Research Infrastructures Roadmap 2016* (2014), http://www.copori.eu/_media/10_John_Wormersley_Parte_2.pdf (last visited August 5, 2017).

5. Supra note 1.

6. The European Research Area (ERA), EUROPEAN COMMISSION, http://ec.europa.eu/research/era/index_en.htm (last visited August 5, 2017).

7. EUROPEAN COMMISSION[EC], *European Research Infrastructure Consortium (ERIC)*, http://ec.europa.eu/research/infrastructures/index_en.cfm?pg=eric (last visited August 5, 2017). 自歐盟 2009 年通過《第 723/2009 號歐盟研究基礎設施聯盟法律架構規則》（COUNCIL

REGULATION (EC) No 723/2009 of 25 June 2009 on the Community legal framework for a European Research Infrastructure Consortium (ERIC)，簡稱第 723/2009 號規則）後，為擴大參與 ERIC 之資格，歐盟執委會另於 2014 年 12 月針對第 1 條、第 2 條 ERIC 國家參與要件進行修正。

8. ORGANIZATION FOR ECONOMIC COOPERATION AND DEVELOPMENT[OECD],
   International Distributed Research Infrastructures: Issues and Options 2-5 (2014), http://www.oecd.org/sti/sci-tech/international-distributed-research-infrastructures.pdf (last visited Aug. 5, 2017).

9. 《国务院关于国家重大科研基礎設施和大型科研仪器向社会开放的意见》，国发〔2014〕70 号，中國大陸國務院，104 年 1 月 26 日，http://www.gov.cn/zhengce/content/2015-01/26/content_9431.htm（最後瀏覽日：2017 年 8 月 5 日）。

10. 研設施與儀器包括科學裝置、科學儀器中心、科學儀器服務單元和科學儀器設備等，主要分布在高校、科研院所和部分企業的各類重點實驗室、工程（技術）研究中心、分析測試中心。其中，科學儀器設備可以分為分析儀器、檢測儀器、物理性能測試儀器、計量儀器、電子測量儀器、海洋儀器、地球探測儀器、大氣探測儀器、工藝試驗儀器、計算機及其配套設備、天文儀器、生物科研儀器、醫學科研儀器、其他儀器等。

11. 如美國、英國、加拿大創新創業夥伴計畫，參見本書下一章。

10 國際促進研發政策工具施行經驗法制分析

——美國、英國及加拿大創新夥伴計畫之研發資源連結與運用為核心

王怡婷

一、前言

近年來世界重要先進國家除了持續以推行各項現有產業技術補助和輔導模式來推動產業創新活動，亦思考如何建立更為有效之共同研發創新模式，另透過各種特色性國家型政策工具之推動，達成更為活化國家技術研發能量之發展與運用。例如：美國創業夥伴計畫（Startup America Partnership, SAP）、英國（Start-up Britain）針對特定研發資源整合作法……等。

本文透過觀察美國、英國、加拿大相關作法，希冀透過各該重要實例觀察與說明，以「資源整合與運用方式」、「組織內部資源配置」為主軸，瞭解成功連結各方資源之關鍵藉以作為我國解決促進研發合作環境問題參考之借鏡。

二、美國重要之促進研發資源連結與運用——創業夥伴計畫[1]

觀察近年國際上促進研發政策實行之趨勢可知，美國前總統歐巴馬為提振美國經濟推動國內產業資源整合，遂提出以協助美國境內人民創業進而提高工作機會之創業美國倡議（Startup America Initiative）、美國創業夥伴計畫（Startup America Partnership, SAP）等政策工具後，該項產業主導各方資源整合運用之作法，迄今仍由各國所仿效[2]，例如：加拿大（Start-up Canada）[3]、英國（Start-up Britain）[4]、智利（Start-up Chile）[5]、俄國（Start-up Russia）[6]、歐盟（Startup Europe Partnership）等[7]。其中，歐盟更於各會員國內積極召集各企業參與，希冀於 2020 年前完成泛歐洲產業資源整合。[8]茲就美國 SAP 計畫特殊之資源整合措施，分述如下：

（一）於政策形成過程納入產業實務者共識與建議

美國 SAP 政策內容並不專注於政府公布之形式化倡議與計畫框架本身，而是在透過倡議與計畫內容形成有利於各方資源挹助之環境，另透過倡議提出之政策工具協助產業形成自主體系，由產業主導上中下游各方資源連結，形塑產業聯盟之群聚效應。透過此資源匯集方式，亦使公眾了解各方資源所在、更能引導各方政策工具促成研發成果加值運用，例如：創業資金、研發資源提供、創業教育或業師輔導等，從前端概念設計

到後端運用與行銷皆納入策略思考。

　　不同於其他國家型計畫主要由政府智庫或其召集專家研擬政策規劃，美國 SAP 政策係一由下而上之政策形成模式。由美國前總統歐巴馬成立專案工作小組，規劃長達一年時間實地於各領域產業界專家徵詢技術發展之改革建議，遂發現各該規模企業，如：Intel、Microsoft、Dell、Facebook 等經理人皆提出政府應參考現存 Kauffman Foundation 引導產業自發形成之微型聚落，擴大產業資源匯集能力，希冀政府能以協助之角色促成產業研發、運用資源之自主體系之形成。[9]

（二）政府透過政策工具（租稅、人力、資金）協助產業形成產業聯盟

　　2011 年 1 月美國前總統歐巴馬為提振美國經濟，遂提出以協助美國境內人民創業進而提高工作機會之創業美國倡議（Startup America Initiative），透過著重於各項資源如經費補助、法規鬆綁、創業教育、和強化清潔能源技術之研發等面向，協助產業形成產業聯盟，以產業為主軸，整合各方資源之匯集。

　　該項倡議除了前述著重面向外，其中較為特別的是經由美國政府之協助號召發起，並以由美國產業代表響應，而籌組之成立委員會所成立的產業聯盟。不同於過往政府主導、產業與學研機構被動配合之模式，政府主要先透過倡議、計畫框架形塑有利於產業聯盟形成之環境，清楚地公布發展方向與政府協

助與輔導之資訊（如：Startup America 倡議提供經費補助、法規鬆綁等政策工具）。此一政策執行態樣，政府絕不僅是以賦稅優惠、資金補助方式，而係透過倡議等輔助工具間接引導業界形成資源連結之核心，促成規模型產業、中小型企業，自行投入研發與資金參與。

（三）產業聯盟之組成、行政管理與資金來源由產業主導運作

在政策執行方法上，雖係國家推動之層級政策，惟其產業聯盟之組成、組織管理與資金來源，皆未有任何政府資金涉入。產業聯盟乃為一集結全美產業代表所成立之私部門非營利組織，並由美國 Kauffman Foundation 和 Case Foundation 兩個私人基金會為其成立贊助單位，以及 Dell、Microsoft、America Express 等公司為合作贊助單位，進而提供相關經費資源以及策略資源，協助產業聯盟之運作進行。[10]

不同於其他政府補助設立之區域創新機構，可由該機構逕行提供輔導設立之研發團隊、新創公司補助經費。此類產業聯盟，除設立與營運上未涉及任何政府經費外，亦對各該輔導設立之新創公司，另未有提供政府補助之權限，僅提供補助申請之行政協助與指導。

此外，產業聯盟亦成立自主管理委員會監督協調相關計畫之執行與資源整合，由聯盟亦組成獨立之溝通小組，該溝通小組係由出資企業代表組成，負責與政府溝通與協調各項政策工具之實行狀況。美國政府透過過創業美國倡議與產業聯盟成

功形塑產業主導資源整合之體系，激起前所未有之資源整合態樣。

（四）產業聯盟係由四種資源群體所組成

產業聯盟主要將其之體系區分為 Idea、Startup、Rampup、Speedup 四種群體，而其目前主要輔助機制以適用於 Startup、Rampup、Speedup 三種群體為主。

所謂的 Startup，係由最少兩個人成立之商業體，並具有欲將其擴展為一具有相當規模公司之企圖心。而 Rampup 係由五個人或是更多人所組成的團隊，並且擁有最少兩個以上的客戶，同時以專注於客戶之成長；而 Speedup 則是一個最少僱用 25 人的公司，且其營收運轉率為美金 $10MM 以上。其運作模式為以美國產業代表所成立之委員會為發起人，鼓勵其他美國產業加入該產業聯盟，並成為其合作夥伴，進而在集合所有來自不同產業背景，但都抱持著扶植美國新創公司產業，進而提供美國人民更多就業市場環境之心態。

產業聯盟之新創公司乃採取會員制。凡是加入該產業聯盟會員者，即可享受各項產業聯盟所提供的資源服務。為鼓勵各新創公司加入，同時將各項資源之利用最大化，產業聯盟乃採取免費會員制，凡是申請者之公司符合：1. 為一個以營利為目的之 Startup，且該 Startup 具有最少兩個創始人或員工，並自 2006 年起所創立；2. 為一個以營利為目的之 Rampup 或 Speedup，且其具有最少六個創始人或員工，並自 2001 年起所

創立，這兩個條件之一者，即可產業聯盟網站上提出入會申請[11]而產業聯盟之會員除了可以利用由產業聯盟合作夥伴所提供之資源服務外，該會員亦可藉由加入該產業聯盟之方式，享有透過產業聯盟之居中牽線的方式，與其他相類產業社群和同區域網絡成員互動之機會，並且有進一步的機會以學習系列單元的方式，與相關專業人員接觸（Expert Access）。

　　產業聯盟主要以提供：1.人力（Talent）；2.服務（Services）；3.專門知識技術（Expertise）；4.顧客（Customers）以及 5.資金（Capital）五項由各 partners 所提供之資源服務（Resources）類別，具體協助新創公司克服其於創立和運作先期所面臨之困難。例如：為促進人力培育與專門技術提供上，強調開放式創新概念，提出所謂的自造者運動（Maker Movement）鼓勵更多年輕人精進科學技術工程與數學教育促進製造業創新創業，欲透過各區域大學與公立圖書館資源之連結支持動手做教育、成立社區創課空間、市集。學習者藉由此創意空間在整個體驗式學習過程中，積極參與提出問題調查、實驗、好奇、解決問題，並啟發開放式創新之想法或具體措施[12]。著重各類可利用資源連結，如社群網絡、實體研討會、與架設問題溝通平台等[13]。

　　此外，由於其認為新創公司產業於成立之初，須以強化其與其所在社區連結度的方式，藉由社區資源之投注，增加其外在資源之協力，因此產業聯盟亦以集結各州創業社群團體成立區域聚落之方式，加強各州當地創業社群之連結性。而為了有

效並具體推廣產業聯盟的可利用資源，該產業聯盟亦以舉辦競賽方式，鼓勵各產業領袖攜手協助召集目前美國境內現有之年輕草創公司加入該產業聯盟，進而得以利用其所提供的各項資源；而為鼓勵獲得競賽之企業領袖，產業聯盟則進一步以提供企業曝光率的方式為獎勵。除了產業聯盟的專屬網站外，其亦善用當前社群網絡媒介的傳播方式，藉由 Facebook、Twitter、YouTube 等社群網絡媒體，以及實體研討會和座談會等方式，增加其與外界之接觸機會，同時進行資訊的交流（參見圖10.2）。

（五）著重區域實務者共識之凝聚與問題反應

為了提供更符合各區域新創公司所需資資源協助，產業聯盟亦透過各區域會議之舉辦，集結來自全美各地的區域代表，一起討論當前各自區域所面臨之挑戰與困境。迄今為止，Startup America Partnership 產業聯盟已成功集結超過七千四百個來自多達四十種以上之不同產業領域的 Startups 會員，並共同為美國創造了四萬四千個全職，以及一萬九千個兼職工作機會。

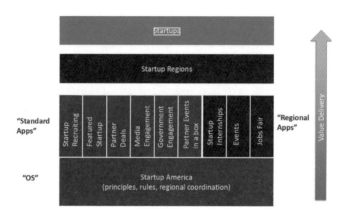

資料來源：EWING MARION KAUFFMAN FOUNDATION, *The Start Uprising Eighteen Months of the Startup America Partnership*, http://www.kauffman.org/~/media/kauffman_org/research%20 reports%20and%20covers/2012/12/suapreport_final2.pdf (last visited April 24, 2017).

圖 10.1　美國創業夥伴聯盟組織圖

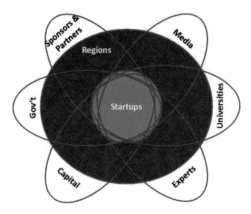

資料來源：同上。

圖 10.2　美國創業夥伴聯盟資源連結圖

三、英國創業夥伴計畫

（一）仿效美國產業主導之資源整合方式，設立產業合作平台

此種由國家內部產業代表所成立之輔助創業機制，除了美國之外，英國首相亦於 2011 年 3 月偕同八位英國產業代表發起「英國創業夥伴計畫」[14]。該計畫之運作模式除了類似美國產業聯盟，以合作夥伴之方式集合產業資源力量，進而協助新創產業之創立外。

（二）強化政策宣傳工具——善用數位媒體推廣資源

為強化英國人民對於創業之概念建立，以及具體連結資源於創業社群，英國創業夥伴計畫更以巡迴車上路之巡迴方式，實際推廣該計畫；而透過此種巡迴方式，亦可促使計畫施行者對於創業社群或是有創業需求之人的實際需求，能有更深一步且具體的了解掌握。

四、加拿大創業夥伴計畫

（一）成立產業合作平台，連結加拿大境內之公私部門資源

有感於美國和英國針對其國內創業和經濟提升紛紛施行產業主導之資源整合方式，而「加拿大國家獎學金計畫」—— Action Canada[15] 亦提出 Fuelling Canada's Economic Success: A National Strategy for High Growth Entrepreneurship[16] 報

告，建議加拿大政府可依設立類似美國、英國產業聯盟形式之合作平台，藉以連結該國境內之各方資源（參見圖 10.3）。

（二）著重各區域政府與非營利組織之資源連結

由於目前加拿大創業社群所面臨之問題乃為相互間並無一共同之發展共識存在，且整體創業生態亦太零散，同時在缺乏相關專業知識如管理知識等現況下，加拿大政府若欲直接強化其境內新創產業之成長，實有困難。因此為有效研擬相關國家政策，同時具體了解當前加拿大創業社群所遭遇之難題，及其認為可用以解決之方法，加拿大創業夥伴計畫遂以尋求美國和英國之運作模式，以由加拿大產業代表為首之委員會，搭配來自於媒體和產業之夥伴協助，並和加拿大各省份合作的方式，自 2012 年起開始展開以創業家為志願領導之非營利組織加拿大創業夥伴計畫，並自今年起開始展開國家巡迴活動。

不同於英國和美國之運作模式，加拿大創業夥伴計畫雖剛開始運作，但其為有效具體瞭解當前加拿大創業社群所遭遇之發展困境，同時蒐集來自其本身所提出之解決方法，以作為未來加拿大政府研擬相關促進創業之政策的參考基礎，加拿大創業夥伴計畫遂於以國家巡迴活動的方式，透過實際走訪並匯集各省分之創業社群代表意見的方式，同時輔以網路媒體之運用，實地蒐集創業社群所提出其所面臨之當前發展困境以及建議解決之道。該巡迴活動除了以蒐集意見為主旨外，同時亦進一步藉此促進與活絡加拿大創業文化之推展，同時以實際行動

強調其支持創業社群發展之決心（參見圖 10.4）。

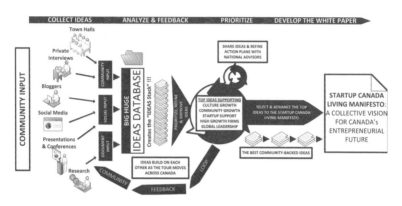

資料來源：Startup Canada Communities, STARTUP CANADA, http://www.
startupcommunities.ca/about/ (last visited April 24, 2017).

圖 10.3　加拿大創業夥伴社群圖

資料來源：同上。

圖 10.4　加拿大創業社群資源圖

五、小結：國際促進研發資源連結與運用趨勢觀
　　察

　　在科技創新競爭局勢日益激烈的今日，如何促成各界研
發合作已成為產業技術研究發展的重要手段，然而，由於各國
產業創新體系與發展方向不盡相同，進而衍生不同之促進研發
合作模式設計，政府於政策推動之高度與施力點亦有所異。本
文以「資源整合與運用」、「組織內部資源配置」為主軸，探
究其細部之促進合作機制、措施或作法、與政府促成研發活動
所扮演之角色高度。首先，就資源連結部分，美國、英國及加
拿大其於研發資源連結上，首重產業資源之整合。政府在推動
研發資源政策上，跳脫以往由政府主導並施行輔導或是補助之
政策計畫機制，以及各項計畫之可能遭遇之限制，完全以非營
利與私部門主導模式來進行。政府協助產業形成資源連結，由
產業代表和產業資源所集合成之產業聯盟合作輔助模式，藉由
其豐富之創業與產業歷練經驗，提供創業者最直接且實際的協
助。

　　目前我國目前促進共同研發或創業相關之研發運用資源，
主要由相關政府配套計畫和育成中心之協力所共同支援，或由
政府主導形成新興駐點園區，如：經濟部整合跨部會創業計畫
資源，推動「育成加速器」機制提供實體及網絡諮詢服務，另
邀集各創業家、實務工作者及產官研專家進駐基地，提供創業
諮詢與輔導。其運作模式乃為由政府所進行主導，並由有需求

者提出申請，進而提供相關現有資源之協助。

　　參考美國、英國和加拿大之最新做法，針對全球各國目前
所面臨之經濟危機，除了政府公部門之政策與策略施行外，有
感於政府公部門之相關經濟發展策略和政策施行成效之現況，
最近更加入為呼應政府各項國家政策計畫之執行，進而由產業
代表和產業資源所集合成之產業聯盟合作輔助模式，藉由其豐
富之創業與產業歷練經驗，提供創業者最直接且實際的協助。
此外在強化國家創新企業持長，同時提供更多就業機會的想法
下，這種由私部門產業代表所發起之產業聯盟，對於其所欲協
助之新創產業類別並未加以設限。相對的，以新創公司之成立
發展階段為其輔助資格標準，並跳脫以往由政府主導並施行輔
導或是補助之政策計畫機制，以及各項計畫之可能遭遇之限
制，完全以非營利與私部門主導之模式來進行。此種私部門產
業合作協力之輔助創業模式，或可為我國未來強化私部門輔助
產業資源連結之機制，甚至是強化創新合作機制之參考。

注釋

1. Startup America, whitehouse2017, https://www.whitehouse.gov/economy/business/startup-america (last visited April 24, 2017).

2. Jenna Goudreau, *Startup Weekend and Startup America Partner to Jumpstart Global Entrepreneurship*, Entrepreneurship, May 23, 2013, http://www.entrepreneur.com/topic/startup-america (last visited April 24, 2017).

3. Start-up Canada, http://www.startupcan.ca/blog/ (last visited April 24, 2017).

4. Start-up Britain, http://www.startupbritain.org/about-us/ (last visited April 24, 2017).

5. Start-up Chile, http://www.startupchile.org/ (last visited April 24, 2017).

6. Start-up Russia, http://startuprussia.com/ (last visited April 24, 2017).

7. Daniel Isenberg, *Focus Entrepreneurship Policy on Scale-Up, Not Start-Up*, Harvard Business Review, Nov. 30, 2012, https://hbr.org/2012/11/focus-entrepreneurship-policy (last visited April 24, 2017).

8. Startup Europe Partnership, http://startupeuropepartnership.eu/about-sep/ (last visited April 24, 2017).

9. EWING MARION KAUFFMAN FOUNDATION, *The Start Uprising Eighteen Months of the Startup America Partnership,* http://www.kauffman.org/~/media/kauffman_org/research%20reports%20and%20covers/2012/12/suapreport_final2.pdf (last visited April 24, 2017).

10. Startup America Partnership, http://www.s.co/about (last visited April 24, 2017).

11. 填寫申請表格須提供：1. 雇主識別號碼（Employer Identification Number）或社會安全碼；2. 創始人和員工數（最少兩位）；3. 基本財政收入資料這三個資訊。

12. About Us, Startup America Partnership, http://www.s.co/about#quicktabs-about_us=2 (last visited April 24, 2017).

13. Region Champions, Startup America Partnership, http://www.s.co/about/champions#quicktabs-region_champions=2 (last visited April 24, 2017).

14. About us, StartupBritain, http://www.startupbritain.org/about-us (last visited April 24, 2017).

15. Action Canada, http://www.actioncanada.ca/ (last visited April 24, 2017).
Action Canada Overview, Action Canada, http://www.actioncanada.ca/program/overview/ (last visited April 24, 2017).

16. ACTION CANADA [AC], *Fuelling Canada's Economic Success: A National Strategy for High-Growth Entrepreneurship* (last visited April 24, 2017).

11 標準必要專利法制發展及對應策略

劉憶成、陳世傑

一、前言

近年來，在產業發展環境劇烈轉變及國際化等多重因素交錯下，全球處處可見硬體產業尋求轉型之例子，國際上亦賡續制定產業技術創新策略或推動重要法制研修，例如：世界智慧財產權組織（World Intellectual Property Organization, WIPO）專利法常務理事會於第十三次會議曾提到，專利與標準有助於鼓勵或支持創新和技術的融合[1]。

而當前國際技術標準之制訂與運用，與具有專利技術間之關係日益緊密。許多標準制訂組織（Standard-Eetting Organizations, SSOs）要求會員必須揭露其所擁有的標準必要專利（Standard Essential Patents, SEPs），並且以一定的授權原則對第三方進行授權[2]。不論研究機構、企業等，必須在良好的技術權利保護與運用策略下，始得化「研發能力」為「競爭能力」。國際主要技術領先之企業或機構在投入其技術布局

及發展策略上，無不以成為國際技術標準來占得技術領航的關鍵地位。此背景下，標準必要專利相關議題之發展、掌握與因應，就顯的刻不容緩。

　　本文將以標準必要專利的授權政策趨勢、國際重要法院判決見解等簡述與歸納，最後提出值得我國產業因應此一關鍵議題發展趨勢下的技術授權策略建議。

二、技術標準組織智慧財產權政策

　　在國際技術標準授權觀察上，首重標準制定組織智財政策、美國及歐盟之授權策略與新近法制趨勢觀察。美國司法部反托拉斯署（Department of Justice Antitrust Division）及聯邦貿易委員會亦曾在所共同發布的報告中，提到工業標準已被廣泛認為是帶動現代經濟重要的組成部分。標準不僅能為企業降低生產成本也為消費者帶來更大的價值，共通的標準已經成為現在技術生態中不可或缺的基礎要素[3]。

　　多數國際技術標準組織通常會有其基本之智慧財產權政策，特別是要求參加的會員必須揭露其被標準制定組織選擇寫入標準的專利，並要求會員們必須承諾依據「公平、合理、不歧視原則」（Fair, Reasonable and Non-Discriminatory, FRAND）授權給需要使用標準必要專利之對象。以下為標準制定組織通常對標準制定的參與者所要求遵守之智慧財產權政策[4]：

（一）揭露義務

1. 必要專利揭露：許多標準制定組織皆規定，標準必要之專利權人須依誠實信用及適當方式揭露所持有之必要專利的義務，例如國際電機電子工程師學會（Institute of Electrical and Electronics Engineer, IEEE）及歐洲電信標準化協會（European Telecommunications Standards Institute, ETSI）。

2. 事前揭露授權條款：事前揭露授權條款係一種保護技術，在被採納為標準必要專利前將授權條件揭露的機制，目前 IEEE 及 ETSI 皆採行自願揭露機制。

（二）授權義務

1. FRAND 授權承諾：依據授權承諾，擁有必要專利之參與者，必須承諾於其必要專利被納入標準後，會以 FRAND 原則授權他人。

2. 退場機制：為了避免造成強制標準必要專利權人進行授權，大多數標準制定組織提供了退場機制（Opt-out），讓專利權人可以在授權聲明表格中選擇拒絕授權，或者在特定時限內停止參與標準開發工作或退出工作小組。

3. 互惠條款：有些標準制定組織亦允許成員間以 FRAND 原則進行交互授權或訂定雙邊互惠條款，例如 IEEE、國際電信聯盟（International Telecommunication Union, ITU）及 ETSI。

4. 合理授權費率：合理授權費率的主要目的在於提供專利權
   人對於其投入創新研發的適當補償。以 IEEE 的 2015 年版
   之智財政策為例，其規定必要專利的價值計算，不應包括
   技術被採納為標準而增加的價值。

（三）技術受讓人的義務承擔

　　以 ETSI 與 IEEE 為例，其智財政策皆規定，FRAND 授權
承諾不單只是專利權人需要遵守，取得該專利授權之被授權
人亦需遵守。並且要求必要專利權人進行相關智慧財產權轉讓
時，應於轉讓契約或相關書面協議文件中載明受讓人應遵守
FRAND 授權承諾或有與 FRAND 授權承諾內容相同或相似的
約定。

（四）紛爭解決機制

　　以 IEEE 的規定為例，標準必要專利權人與標準必要專利
實施者對授權產生之爭議，應本於誠實信用為原則，於合理期
間進行協商，並允許雙方以仲裁方式協議解決紛爭。

三、技術標準授權國際實務發展趨勢

　　以下就技術標準授權國際實務發展，尤其是常為爭議焦點
之合理授權金計算標準及聲請核發禁制令之要件等進行說明。

（一）FRAND 承諾不當然成立對第三方授權

標準必要專利權人向標準制定組織所爲之授權承諾，並不當然代表其已同意將標準必要專利授權予標準組織之成員或其他需要此標準必要專利之人。實務上已有相關判決佐證，如：美國 2012 年 Microsoft v. Motorola 一案中揭示 FRAND 承諾係專利權人（Motorola）與標準制定組織（例如 IEEE 或 ITU）之間的契約，並以 Microsoft 爲第三方受益人，但這不代表已經成立明示或默示之授權。

在歐洲的 2015 年 7 月的 Huawei v. ZTE 案中，歐盟法院認爲標準必要專利權人必須以合理方法（包括通知被控侵權人侵害事實及表達願依 FRAND 原則與其達成授權契約之意願）與被控侵權方尋求達成授權契約，否則將構成優勢地位的濫用[5]。

（二）FRAND 授權金計算雖無客觀標準但實務運作已漸有要件成型

1. 應將標準必要專利之特殊性納入計算標準

在美國 Microsoft v. Motorola 案及 2014 年的 Ericsson v. D-Link 案，法院皆考量了標準必要專利及 FRAND 授權承諾具有的特殊性。亦即，基於 FRAND 授權承諾授權時，授權金應單純地反映標準必要專利本身的價值，不應添加因該專利被納入必要標準而所增加的市場價值。標準必要專利權人作出 FRAND 授權承諾時，其便有對他人爲公平且不歧視授權的義務。

2. 最小可銷售單位做為唯一計算方法仍存爭議

2015 年 12 月 3 日美國聯邦巡迴上訴法院（United States Court of Appeals for the Federal Circuit, CAFC）撤銷 CSIRO v. Cisco Systems 一案之原判決並發回重審。CAFC 法官認為，最小可銷售專利實施單位（Salable Patent-Practicing Unit, SSPPU）非唯一的計算合理授權金的計算方式，故仍應考量個案不同而採不同的計算方式。

3. 專利價值與納入標準後產生的價值應分別計算

在 CSIRO v. Cisco Systems 一案中，法院認為無論標準必要專利是否承諾 FRAND 授權義務或者其他標準組織智財權政策所規定義務，該專利自身價值與經標準化後所獲得之附加價值，皆須進行區分。

（三）核發禁制令標準

國際間有關標準必要專利的爭議，有一大部分是有關於侵害標準必要專利而聲請禁制令的核發，而從其核發禁制令的依據可以發現，美國與歐洲分別有其發展脈絡，故分別說明如下：

1. 美國

美國對於專利侵權禁制令之核發，在 2006 年 eBay, Inc. v. MercExchang 案（以下簡稱 eBay 案）後，確立了以該專利侵權無法以金錢回復的損害（Irreparable Harm）為前提要件的核

發原則 [6]。當然，在可以評估損害的情況下，聯邦地方法院也有權對侵權行為所帶來的損害判決適當的賠償，其金額原則上不少於侵權行為人使用該項專利應支付的合理授權金。

美國司法部反托拉斯署及美國專利商標局（United States Patent and Trademark Office, USPTO）曾於 2013 年 1 月共同發布有關標準必要專利自願性 FRAND 承諾救濟之政策聲明指出，在標準必要專利侵權行為人拒絕接受 FRAND 授權原則下的授權條件時，禁制令之核發始為恰當。若標準必要專利權人嘗試利用禁制令來給予標準必要專利侵權行為人壓力使其不得不接受違反 FRAND 授權承諾之條件，已違反標準必要專利權人所做的 FRAND 授權承諾，並且可能傷害公共利益。

在 2014 年 Apple v. Motorola 一案中，認為被控侵權行為人單方面拒絕 FRAND 授權或不合理地推延協商而造成相當於拒絕 FRAND 授權的結果時，標準必要專利權人仍可取得禁制令。然需注意，當標準必要專利侵權行為人應給付而未給付的授權金，雖屬專利權利人所受的損害，但該損害並非金錢難以回復之損害，可能被認為無核發禁制令之必要。

2. 歐盟

歐盟針對禁制令議題主要從《競爭法》出發，各國發展有所差異。截至目前為止，僅有少數歐盟國家的法院曾經針對核發禁制令是否可以做為侵害標準必要專利的補救措施表示見解。例如 2010 年荷蘭海牙地方法院於 Philips v. SK-Kassetten

案之判決指出，FRAND 授權承諾的存在，不必然使標準必要專利權人無法執行其專利權，包括聲請核發禁制令。法院強調 SK-Kassetten 不能用 Philips 的標準必要專利已有 FRAND 授權承諾而無須再取得授權來抗辯。相反的，在其開始使用 Philips 的標準必要專利前，仍應向 Philips 提出授權的要求，如果 Philips 拒絕了這樣的授權請求，SK-Kassetten 可以請求法院命令 Philips 依據 FRAND 條款進行標準必要專利的授權[7]。

其次，荷蘭法院在 Samsung v. Apple 案判決則指出，在 FRAND 授權協商進行期間聲請禁制令，會被認為是濫用法律或違反先契約之誠信原則（Pre-Contractual Good Faith）。

德國法院亦曾透過德國競爭法對 FRAND 抗辯發展出所謂的橘皮書標準（Orange Book Standard）。德國聯邦最高法院（German Federal Supreme Court）並據以允許有意願實施標準必要專利之人得根據德國競爭法主張以 FRAND 為條件取得授權，並以此對禁制令聲請提出抗辯[8]。

此外，在 2015 年 7 月 16 日歐洲法院對 Huawei v. ZTE 案作出的初步裁決中指出，已對標準制定組織提交 FRAND 授權承諾的標準必要專利權人，須在以下情況尋求禁制令始不構成違反《歐洲聯盟運作條約》（Treaty on European Union and the Treaty on the Functioning of the European Union, TFEU）第 102 條規定的優勢地位之濫用。

在標準必要專利權人之義務方面：第一，於聲請核發禁制令前，標準必要專利權人首先應通知侵權行為人有關其所侵

害的標準必要專利及侵害的方式。其次，待被控侵權行爲人表達希望以 FRAND 條款進行授權之意願後，標準必要專利權人應依據曾經向標準制定組織提出之承諾，對被控侵權人提出以 FRAND 條款爲基礎之書面授權要約，包括授權金數額及授權金的計算方式。

在被控侵權行爲人（潛在被授權人）之義務方面：第一，應誠摯而不拖延地回覆標準必要專利權人的要約；第二，如果不接受標準必要專利權人的要約時，必須適時地向標準必要專利權人依據 FRAND 授權原則提出書面的反向要約（Counter-Offer）；第三，在授權契約簽訂達成前，如果被控侵權行爲人已開始使用標準必要專利，則被控侵權行爲人應於其所提出之反向要約被拒絕之時起，提存適當的擔保金或銀行保證函。且在被控侵權人提出反向要約而無法就 FRAND 條款的細節達成合意的情形，雙方可以另訂契約，將授權金數額交由獨立第三方來認定。

在以上先例之下，2015 年 11 月德國杜塞道夫地方法院及德國曼海姆地方法院（Mannheim Regional Court）便依據歐洲法院 2015 年 Huawei v. ZTE 案的先決裁判分別發出禁制令[9]。

綜上，無論就標準必要專利之授權人、被授權人，乃至禁制令之聲請人或相對人，對於以上趨勢相應之因應作爲，將於文後提出可資參酌之方案。

四、結語：國際技術標準授權趨勢構之因應作為

依本文觀察之國際趨勢，產業及法人研究機構涉及標準制定組織時，其一方面可能加入標準制定組織成為該組織會員，並可能成為標準必要專利權人，另一方面也可能基於執行研發、進行生產、銷售工作而需要，而成為標準必要專利被授權人。以下將從兩個面向進行分析建議：

（一）作為標準制定組織會員

1. 符合 FRAND 承諾下進行授權

第一，FRAND 承諾應留意承諾存在不同形式。各標準制定組織要求作成承諾的形式各不相同，因此，產業及法人研究機構參與標準制定組織時，應詳閱及充分理解各標準制定組織所要求之承諾方式及承諾內容，以利後續進行授權之遵循，避免違反標準制定組織之要求，進而在相關訴訟中反招致不利之判決結果。

第二，授權對象選擇受到限制。由於標準必要專利權人必須對標準制定組織提交授權承諾，承諾將會依據 FRAND 原則對有意實施標準必要專利之人進行授權，故只要所協商的授權契約符合 FRAND 原則時，標準必要專利權人在接到有意願取得授權之人表達希望取得授權時，將無法拒絕其成為授權對象。

第三，成果運用計價不得違反 FRAND 授權承諾。國際間目前認為該授權承諾應為利益第三人契約，若標準必要專利權人違反 FRAND 授權承諾致他人受損害時，將須負擔賠償責任，由此可知，加入標準制定組織之執行單位有義務將 FRAND 授權承諾納入計價參考因素。

2. 標準必要專利權人聲請禁制令應注意事項

根據近來對侵害標準必要專利聲請禁制令之國際實務趨勢發展，已經對標準制定組織提出 FRAND 授權承諾之標準必要專利權人應留意事項。首先，應對被控侵權人先為侵權通知，並指名其侵害之標準必要專利及侵害方式。其次，當被控侵權行為人表達希望獲得授權之意願後，標準必要專利權人應依據曾經向標準制定組織所提出之承諾，向表達希望獲得授權之被控侵權人提出書面授權要約，尤其應包括授權金額及授權金計算方式。

（二）作為標準必要專利被授權人

執行單位在進行研發時，亦可能透過授權成為標準必要專利被授權人，而當前國際趨勢下，應注意以下問題：

1. 標準必要專利以 FRAND 原則授權之必要作為應予注意

從過去國際實務案例可知，標準必要專利權人對標準制定組織提出包含 FRAND 原則之授權承諾，僅代表其承諾將以

FRAND 原則對實施人授權，欲成為被授權人仍須與標準必要專利權人訂定授權契約，方得實施標準必要專利。

反之，若未取得標準必要專利權人的授權，則標準必要專利權人仍可對未經授權實施其標準必要專利之人向法院聲請核發禁制令。惟依據前述的國際實務見解可知，若授權協商過程中，標準必要專利權人以聲請核發禁制令做為協商談判籌碼之時，將可違反 FRAND 授權承諾對於該禁制令提出抗辯。惟需注意，若標準必要專利權人亦有一定之行為義務，例如適時提出反向要約等。

2. 合理授權金計算趨勢應持續關注

從國際實務發展脈絡可發現，合理授權金的計算方式持續變動中，近年來傾向標準必要專利的整體價值，應區分專利本身的價值及該專利被納入標準後所增加的價值兩方面來判斷，應注意當前多數看法採取以最小可銷售單位為合理權利金之計算基礎之趨向。

3. 收到禁制令時之抗辯建議

標準必要專利實施人應儘快表達欲取得授權之意願。實施標準必要專利前，不論是否收到標準必要專利權人的侵權通知，皆應儘快向標準必要專利權人表達欲取得授權之意願，以利標準必要專利權人提出授權之要約。

不同意標準必要專利權人的要約時，應儘速提出反向要

約。有意願取得授權之標準必要專利實施人，在取得標準必要專利權人所提出之授權要約後儘快審閱，若不同意該標準必要專利權人所提出的要約時，應以符合誠信原則且不拖延地向標準必要專利權人提出符合 FRAND 授權承諾之授權條款或條件的反向要約，其中合理授權金的計算方式為重要內容。

如授權協商未成，仍須就相當於已經實施之權利金辦理提存或出具銀行保證函。依前述歐洲法院見解，若標準必要專利實施人已經實施標準必要專利但尚未取得授權時，於反向要約提出之時，亦應一併將相當已實施標準必專利之授權金辦理提存或出具銀行開立之保證函。

綜上，就標準制定組織及標準必要專利發展現況進行了介紹與分析，並且從標準必要專利權人與實施者角度，分別對我國產業及法人研究機構參與標準制定組織之策略提供建議及應注意之重點。惟須提醒，標準必要專利相關議題雖然被討論多年，但各項議題仍處於變動中，故在擬定相關參與或授權策略時，仍應持續關注後續國際實務的發展。

注釋

1. WIPO, *Report of 13th Session of Standing Committee on The Law of Patents,* http://www.wipo.int/edocs/mdocs/scp/en/scp_13/scp_13_2.pdf (last visited April 18, 2017).

2. 正因為標準必要專利之授權、運用議題持續在歐美等地發燒，WIPO 為此也持續就其發展召集專家研討。參見 http://www.wipo.int/amc/en/events/workshops/2017/arbmed/frand.html (last visited August 5, 2017).

3. U.S. Department of Justice and the Federal Trade Commission, *Antitrust Enforcement And Intellectual Property Rights: Promoting Innovation And Competition (04/2007)*, at 6-7, https://www.justice.gov/atr/antitrust-enforcement-and-intellectual-property-rights-promoting-innovation-and-competition (last visited August 5, 2017).

4. 參見ETSI, ETSI Intellectual Property Rights (IPRs), http://www.etsi.org/about/how-we-work/intellectual-property-rights-iprs (last visited April 12, 2017). 此外，國際電信聯盟（International Telecommunication Union，網址：http://www.itu.int/en/Pages/default.aspx，簡稱 ITU）、國際標準化組織（International Organization for Standardization，網址：http://www.iso.org/iso/home.html，簡稱 ISO）、國際電工委員會（International Electrotechnical Commission，網址：http://www.iec.ch/，簡稱 IEC）、IEEE、美國國家標準協會（American National Standards Institute，網址：https://www.ansi.org/，簡稱 ANSI）、網路工程任務小組（Internet Engineering Task Force，網址：https://www.ietf.org/，簡稱 IETF）、結構化資訊標準促進組織（Organization for the Advancement of Structured Information Standards，網址：https://www.oasis-open.org/，簡稱 OASIS）及 VMEbus 國際貿易協

會（VMEbus International Trade Association，網址：http://www.vita. com/，簡稱 VITA）等等技術標準組織所揭示之智財政策。

5. Huawei v ZTE case, 16 July 2015, Case C- 170/13, Paragraphs 61 and 63.http://curia.europa.eu/juris/document/document. jsf?docid=165911&doclang=en (last visited August 5, 2017).

6. *eBay, Inc. v. MercExchange,* L.L.C, 547 U.S. 388 (2006).

7. Jones Day Report, *Standard Essential Patents And Injunctive Relief (Apr., 2013)*, at 11, http://www.jonesday.com/FILES/ PUBLICATION/77A53DFF-786C-442D-8028-906E1297060B/ PRESENTATION/PUBLICATIONATTACHMENT/270FC132-6369-4063-951B-294CA647C5ED/STANDARDS-ESSENTIAL%20PATENTS.PDF (last visited August 5, 2017).

8. Orange Book Standard (German Federal Supreme Court, May 6, 2009, doc. no. KZR 39/06).

9. Cases 4a O 144/14 (November 3, 2015) & Case 2 O 106/14 (November 27, 2015).

12 產學研鏈結成果最適運用機制之法制研析

——以中國大陸、日本及丹麥重要措施及法制為例

盧怡靜、許祐寧

一、前言

　　各國為達成創新、創意的科學研究發展，並進而促進成果轉化，政府均投入相當大的成本比例，無論在人力、資金抑或是法規設計上，對於研究開發的成果，各國政府除了鼓勵產業界、學界與研究開發機構共同努力以建構完善的整體產學研相互合作外，如何在法規面與體制面上給予協助以促進研發成果的極大化，使研發成果順利進入市場，為達對整體社會最大效益，政府將扮演舉足輕重的角色。

　　本文透過觀察中國大國、日本、丹麥的相關作法，希冀能藉由各國重要的法制建構、平台建立，以「人力」、「資金」以及「成果歸屬」三大主軸，探究其在促進產學研鏈結最適運用機制上的措施與做法。

二、中國大陸

中國大陸《中華人民共和國科學技術進步法》第 20 條及第 21 條分別規定，由國家投入財政性資金所產出的科學技術研發成果歸屬問題，依據該法第 20 條第 1 項規定，關於科學技術基本項目或科學技術計畫項目所形成的發明專利權、計算機軟件著作權、集成電路布圖設計專有權和植物新品種權，除涉及國家安全、國家利益和重大社會公共利益者外，授權項目由承擔者依法取得，即將科學技術之研發成果歸屬於研發人員；另，再依據該法第 21 條第 1 項之規定，這些經由國家鼓勵後，利用國家財政性資金所設立的科學技術基金項目或者科學技術計畫項目所形成的知識產權都應優先將成果適用於中國大陸境內，例外規範規定於第 21 條第 2 項，若要將由國家財政資金支持後產出的成果轉讓或許可境外實施，應當經項目管理機構批准，但法律、行政法規對批准機構另有規定者，從其規定。[1]

中國大陸《中華人民共和國促進科技成果轉化法》第 26 條規定，鼓勵企業、研究開發機構、高等院校以及其他組織，共同合作建立研究開發平台、技術轉移機構或者技術創新聯盟等產學研合作方式，共同開展研究開發、成果應用與推廣、標準研究與制定等活動。第 32 條規定，再次重申，支持科技企業孵化器、大學科技園等科技企業孵化機構的發展，如此便能為創業初期的科技型中小企業提供孵化場地、給予創業輔導、

研究開發與管理諮詢等服務；第 18 條規定，由國家設立的研究開發機構、高等院校持有的科技成果，可以經由自主決定其成果是否轉讓、許可或者作價投資，但應當通過協議定價、在技術交易市場掛牌交易、拍賣等方式確定價格。第 43 條規定，中國大陸以國家設立的研究開發機構、高等院校經由科技成果轉化後所獲得的收入，將全部留歸本單位。[2]

　　中國大陸〈國務院關於印發實施《中華人民共和國促進科技成果轉化法》若干規定的通知〉明確規範，經由國家設立的研究開發機構以及高等院校的科學技術人員，在完成本職工作的前提下，且徵得所屬單位的同意後，可以兼職到企業等從事科技成果轉化活動，或者離崗創業，但原則上以不超過三年為限，在三年時間內為其保留人事關係，研究開發人員得從事科學技術成果轉化相關活動。[3]

三、日本

　　日本研發成果最適展開支援事業計畫 A-STEP，係指「研發成果最適展開支援事業計畫」，由國立研究開發法人科學技術振興機構（JST）負責辦理，目的在於兼顧大學研究成果之學術價值及實用性，同時透過產學合作推展大學的研發成果，帶動創新產生。將具有國民經濟價值的重要科學技術研發成果實用化，並回饋社會的技術移轉計畫。其中，日本 A-STEP 計畫可以區分為三個階段（Stage），以下分別為介紹。

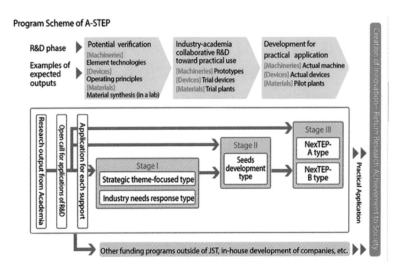

資料來源：A-STEP (Adaptable and Seamless Technology Transfer Program through Target-driven R&D),http://www.jst.go.jp/tt/EN/univ-ip/a-step. html#supportContent

圖 12.1　日本 A-STEP 概要

（一） 第一階段 Stage1[4]

第一階段 Stage1 包含戰略主題重點類型（Strategic Theme-Focused Type） 及 產 業 需 求 對 應 類 型（Industry Needs Response Type）。

戰略主題重點類型是將 JST 基礎研究項目的傑出成果回報社會，創造新產業基礎。透過研究開發團隊間的情報共有，藉由聯盟形式的營運制度，使研究開發達到最大程度的相乘效果。研究開發費用，JST 支出部分最多五千萬日圓，包含直接與間接經費。直接經費，係研究開發實施所直接必要的經費，

項目包括物品費（研究設備、書籍材料與消耗品購入費等），旅費（研究開發參與者及受邀者旅費）、人事費與報酬（研究員僱傭費、人才派遣費、報酬等）、其他（為實施研究開發支出之經費、成果發表費等）；間接經費，係研究開發實施所伴隨的研究開發機關管理等必要經費，以直接經費的百分之三十為上限。此外戰略主題重點類型的研究開發期間，最長為六年。

　　產業需求對應類型係透過解決產業中常見的技術問題來提升日本的產業競爭力，滿足來自產業界的需求。研究開發費，JST 支出部分最高為二千五百萬日圓，包含直接與間接經費。產業需求對應類型的研究開發期間二至五年。另外必須注意，產業需求對應類型的情況，排除企業方的參加。

（二）第二階段 Stage2[5]

　　第二階段 Stage2 又稱為種子育成類型（Seeds Development Type），係為了將大學研究成果具體化，藉由可行性、實用性的檢驗，降低學術研究成果的技術風險，並透過學界技術種子，建立企業的核心競爭力，支援產學共同的基礎研究開發。目標在因應創新產出對於社會經濟的影響，以科學技術知識為基礎，建構核心技術並獲取成果。

　　種子育成類型的支援規模方面，JST 支出總額為二千萬日圓至 5 億日圓（包含間接經費），實施期間為二至六年。研究開發費用可以區分直接經費與間接經費，國立大學法人間接經

費原則上為百分之三十，間接經費使用上須用於直接經費以外之對象。種子育成類型以配套基金形式計算，配套基金的條件是，企業自己資金的總合大於或等於 JST 分配給研究開發機關的委託研究開發費總合。

（三）第三階段 Stage3[6]

第三階段是最接近市場的研發階段。以研究開發型企業為主體，並以大學研究成果為基礎，支援技術種子的實用化開發。應募要件是以大學新種子為基礎成果，經種子所有人同意後，由實施企業、種子所有者或代表研究員共同申請。根據研發規模、期間及公司大小，區分 NexTEP-A 及 NexTEP-B 兩種類型。

NexTEP-A 類型係以大學的種子研究成果為基礎，支援企業大規模開發下面臨的開發風險，目標是將大學研究成果企業化。NexTEP-A 類似於無息貸款，專為私營企業設計，研發風險較高。如果成功實現和 JST 先前組合的技術目標，那麼這類公司就有償還義務。但如果未達成預設目標，只需要償還總研發費用的百分之十，其餘百分之九十免除還款，能幫助企業迴避開發風險。

NesTEP-A 類型同時透過「導入試驗」的設立，於企業化開發前，調查與評價種子實用化的可能性，並為小規模的實驗。藉由「補足數據」及「審查技術可能性」為目的的測驗結果，以判斷開發走向。試驗費用為開發費用總額的百分之十以

內（以三千萬日圓為上限）；試驗期間原則上為一年以內。導入試驗完成，達成開發走向的目標時，試驗費不需返還；未達成開發走向的目標時，應返還試驗費總額的百分之十；若是由於企業的情況導致本開發無法進行，試驗總額應全部返還。

NexTEP-B 類型係以大學研究成果的技術種子為基礎，相對於研究開發型的企業，NexTEP-B 在支援規模較小的企業達成開發實用化，由資本十億日圓以下企業、種子所有人、及代表研究者共同申請。挑戰難以企業化的研究開發案，期待能為創新產出。此外，因為 NexTEP-B 類型僅適用於相對小規模開發研究的中小企業，這類的中小企業沒有償還義務，但在研發期間資金需要占研發總成本的一半。

另外 NexTEP-B 類型採用配套資金形式，係指開發企業在實施課題時所支出的開發金費，部分由 JST 支付。NexTEP-B 類型的配套係數為兩倍，對象金額以開發期間為累計，且必須符合以下計算公式的配套條件：（企業在本課題所支出的研究開發費）×（配套係數）≧（JST 支出的研究開發費）。

四、丹麥

（一）丹麥創新網絡

丹麥高等教育與科學部（Ministry of Higher Education and Science），以創新網絡（Innovation Networks）行動方案，透過建立二十二個創新網絡涵蓋數個研發機構和創新型企業之鏈

結，藉此協助企業尋找適合的合作研究機構、研發人員或其他
企業及專家。創新網絡的主要功能，是由國家將各領域的技術
與學科集結，創新網絡在參與公司與大學、相關研究和教育機
構之間的知識傳播、創新和成長形成上，發揮了橋樑的作用，
進而成爲促進商業與產業創新的關鍵[7]。

　　創新網絡的設置，最多由丹麥科學技術暨創新部補助百分
之五十之運作經費，其餘經費由申請技術研發計畫媒合的民間
企業負擔，或由相關研發成果授權之部分收入來支應。補助款
將被利用來設置網絡祕書處，負責各個創新網絡的運作、媒合
活動、具體研究、教育和知識傳播計畫等。

（二）　產學研合作研發成果運用契約

　　爲有效做爲丹麥推動前述產學研合作研發的成果運用，
高等教育與科技部提供約翰‧施洛特委員會（Johan Schlüter
Committee Model Agreements）模範契約，供合作研發單位約
定成果歸屬與運用之原則，就研發所產出智慧財產權的安排、
研究成果發表、保密協定內容等規範，其權利義務安排模式值
得參考[8]。

1. 委託研究契約（Model Agreement on Commissioned Research）

　　委託研究契約係用於公司（產）委託研究機構（學、研）
進行研究的契約，較接近勞務委託關係。本模範契約將研發成

果（Foreground Knowledge）與發明（Invention）區分，發明乃運用研發成果所產出的新產品。而關於研發成果的歸屬，模範契約提供兩種選項（雙方合意後自行擇定），第一種為，委託之公司得取得研究機構因執行計畫所產出研發成果的權利，且毋須支付其他費用。第二種為公司得部分無償取得研發成果權利，部分研發成果歸屬於研究機構。研究機構執行研究人員應於發現所執行研究可能產出得申請專利的潛在可能時，應即通知委託之公司。公司得決定是否保留專利申請權，研究機構應協助專利申請並得請求支付有關費用。

2. 雙邊共同出資合作研發契約（Model Agreement on Co-Financed Research﹝Two Parties﹞）

此合作研發模式係用於研究機構有意深入研究以取得相關知識，而公司則希望進一步運用該等知識。雙方應共同出資研發，其出資方式應遵循丹麥財政部的預算指南。

研發成果方面，各自取得於該計畫進行研發所產生權利（單方人員自己進行之研發）。如為雙方研究人員共同研發之產出，依據雙方研究之貢獻，由兩機構約定共有。未能書面約定持分者，推定雙方持分比例相同。雙方於研究期間得各自使用對方與研究相關智慧財產權，毋須支付費用，惟不得用於商業目的或將權利移轉給第三人。

另一方面，關於研發成果中不屬於專利法或其他智財相關法律所保護之權利，雙方得擁有非專屬、無償運用該等研發

成果之權利。而研發成果中屬專利等有特別法保護之智慧財產權，公司擁有非專屬的包括商業化或研究使用的權利。條文並保留公司有購買研究所產生的智慧財產權的權利，然對研究機構未來於研究或教學使用不受影響。

3. 多邊共同出資合作研發契約（Model Agreement on Co-Financed Research［More Than Two Parties］）

各方得指派人員共同組成計畫執行委員會，進行計畫專案管理。由各造依據研發貢獻比率共有研發成果權利。與二個機構合作研發相同，公司保有購買全部研發成果之權利，未經公司購買者之權利處分，應經全體成員書面同意為之。於研究期間，為達成研究目的所需之各造原有智慧財產權，參與研究者皆取得無償用於研究使用的權利，不得用於商業目的使用，或移轉給第三人。

4. 共同出資博士研究（Model Agreement on Co-Financed PhD Study）

本契約用於公司與研究機構共同出資補助博士學生於兩個機構間進行研究以取得學位。如為雙方人員皆參與的計畫內研發，公司與研究機構各依其貢獻比率取得計畫研發成果之權利，未能書面約定持分者，推定雙方持分比例相同。於研究計畫執行期間，為達成研究目的所需之各造原有智慧財產權，參與研究者皆取得無償用於研究使用的權利，不得用於商業目的

使用或移轉第三人。

5. 產 業 博 士 計 畫（Model Agreement on Industrial PhD Project）

　　本契約用於公司與學研機構共同補助產業博士學位（Industrial PhD）補助計畫。關於研發成果權利，公司與學研機構取得本計畫研發成果，並應符合丹麥雇員發明法（Danish Act on Employee Inventions）的規定。如為研究機構所督導，依其主管人員之指揮所產出之智慧財產權利，應歸研究機構所有，並應符合丹麥公共研究機構發明法（Danish Act on Inventions at Public Research Institutions）之規定。至共同研發及非商業研究所得無償使用各造原有智慧財產權利之規定與共同出資博士研究相同。

五、代結論：以不同階段機制導向研發成果有效運用為活化整體產學研鏈結機制

（一）以研究人員誘因為導向的成果運用機制

　　中國大陸對於人力機制給予兼職或離崗創業的優惠，針對經由國家設立的研究開發機構以及高等院校的科學技術研究開發人員，使其能在完成本職工作的前提下，經所屬單位的同意後，可以至企業等兼職，從事科技成果轉化活動抑或是離崗創業，給予更多優秀的專業人才科學研究發展的舞台。

（二）由補助模式引導成果運用方向

　　資金補助方面，以日本 A-STEP 計畫作爲案例，日本科學技術振興機構（JST）的目標，在於推展科學技術創新的產出與基礎支援的建構，將大學、研究機關的基礎研究種子與企業方的產品創新需求相對應，達到研究成果展開的最適運用機制，具體執行方式係區分支援類型，劃分不同階段並給予不同的資金補助模式，引導成果運用之方向。

（三）平衡研究與商業化運用的成果歸屬安排

　　關於成果歸屬，丹麥共同研發模式，以其創新網絡計畫之支援機制而言，除提供媒合與專業人員協處外，在研發成果權利的安排上，提供模範契約以爲依歸。大致而言，因參與機構之性質，採取共有或保留商業使用權利予「公司」（即產業界），至後續研究之權利，則仍保留予學研機構，是相當具有智慧的權利安排，可資參考。

注釋

1. 請參見中國大陸《中華人民共和國科學技術進步法》。

2. 請參見中國大陸《中華人民共和國促進科技成果轉化法》。

3. 請參見中國大陸「國務院關於印發實施《中華人民共和國促進科技成果轉化法》若干規定的通知」（國發［2016］16號）。

4. 研究成果最適展開支援プログラム A-STEP ステージ I，JST 科學技術振興機構，平成 28 年 9 月，頁 21，https://www.jst.go.jp/a-step/koubo/files/h28-koubosetsumei_stage1.pdf（最後瀏覽日：2017 年 7 月 27 日）。

5. 研究成果最適展開支援プログラム（A-STEP），JST 科學技術振興機構，平成 29 年 3 月，http://www.jst.go.jp/a-step/koubo/files/presen/h29_koubosetumei_a-step_stage2.pdf（最後瀏覽日：2017 年 7 月 27 日）。

6. 研究成果最適展開支援プログラム（A-STEP）ステージ III，JST 科學技術振興機構，平成 29 年 3 月，http://www.jst.go.jp/a-step/koubo/files/presen/h29_koubosetumei_a-step_stage3.pdf（最後瀏覽日：2017 年 7 月 27 日）。

7. Ministry of Higher Education and Science, Innovation Networks Denmark, http://ufm.dk/en/research-and-innovation/cooperation-between-research-and-innovation/collaboration-between-research-and-industry/innovation-networks-denmark (last visited July 10, 2017).

8. Ministry of Higher Education and Science, Model Agreements, http://ufm.dk/en/research-and-innovation/cooperation-between-research-and-innovation/collaboration-between-research-and-industry/model-agreement (last visited July 10, 2017).

13 日本《科學技術基本法》架構與功能初探

王怡婷

一、前言

　　我國《科學技術基本法》自中華民國（以下同）88 年總統公布施行至今已十八年，作為提升我國科學技術水準的基本法律，由中央科技主管機關及中央各部會致力推動本法相關法令配套下，已有可與世界科技先進國家相當之完備機制。然隨時空環境之改變，國際與國內之法制亦有參酌的世界科技法制趨勢思考逐步變遷之需要。為此，因應國內外科技研發環境變遷《科學技術基本法》，歷經 92 年、94 年、100 年及 106 年四次修正。而總結過去修法進程，本法之關鍵議題已浮現者如：第 6 條之成果歸屬運用及科研採購歷次修正中皆有涉及，其次為第 13 條之研發成果智慧財產權及運用所得之撥付、第 17 條之科學技術人員之進用管道及人才交流規定、科研人才培育及延攬等相關議題皆是歷次修正中最受到關注焦點，其重要性可見一斑。

　　然而，由歷次修正重點也可窺知，主要係因應政府機關推動科技研發計畫實際需求而就特定議題或配合特定政策予以修正，從相關修正後條文之文義及發揮之作用觀之，不乏涉及受規範對象之權利義務變動實質規範。是以，《科學技術基本法》性質已與立法時所定性為著重於我國技術政策與法律之基本原則與方針之基礎法性質[1]略有差距。

　　為回顧我國《科學技術基本法》之立修法歷程與立法目的，透過再次檢視立法時所參照之日本立法例，觀察日本《科學技術基本法》（以下所稱《科學技術基本法》皆指日本而言）具體規範內容及實行經驗如科技決策機制、推動主管機關、研發成果運用管理等角度切入，應有承先啟後之功能與意義。

二、日本《科學技術基本法》制定背景與目的

　　《科學技術基本法》之草案乃一超越黨派之提案，最初是西元 1994 年自民黨主導（當時部長乃尾身幸次）之科學技術部會提案，之後本草案之檢討會亦有社會黨與新黨之參與，之後新進黨亦有參加。而於西元 1995 年 10 月 27 日經自民黨、社會黨、新黨與新進黨四黨共同將此草案提交國會。而日本國會於平成 7 年 11 月間（西元 1995 年），全會一致同意，通過《科學技術基本法》，並於平成 7 年 11 月 15 日（西元 1995 年）施行，作為日本之後科學技術政策之基本架構，提振日本之科學技術水平，達成日本以「科學技術創造立國」之目的。

　　《科學技術基本法》係基本法性質，基本法乃因應現代社會高度複雜與分工所出現，針對特定領域的國家政策、制度提供基本方針或方向之指引者。位階介於憲法與法律之間，對憲法具有補充性，且由於基本法之性質乃特定領域之政策或立法指針，因此一般不會對人民權利義務爲直接規定。而在《科學技術基本法》立法前，本存在之科學技術振興相關法律即衍生成爲具有本法施行法（如《研究交流促進法》）或特別法之性質。

　　日本目前共有六十二部基本法，而在科技研發相關領域除了《科學技術基本法》外，並訂有《智慧財產基本法》，其立法目的在於強化日本國內產業之國際競爭力，以及爲實現以創造智慧財產、活用智慧財產爲主之具有活力的經濟社會，此法之基本政策區分爲智慧財產權之「創造」、「保護」、「活用」及「人才培育」四大方面，訂有促進研究開發、研究成果移轉、人才培育及要求訂定相關推展計畫，可見此法與《科學技術基本法》有相交集。惟《智慧財產權法》更針對智慧財產權相關者，與《科學技術基本法》乃科學技術促進之全面事項不同。由於《科學技術基本法》僅提綱挈領式的規定，因此進一步促進科研政策之具體形成則有賴施行細則或子法之訂定。而其中最重要者當屬依《科學技術基本法》第 2 條所訂之《促進研究開發系統改革與提升研究開發能力及效率相關事項法律》[2]。

　　日本《科學技術基本法》之立法目的乃在於藉著對於振興科學技術政策事項爲一整體規劃，達到提升日本國內科技水

平，並且蘊含促進日本國內經濟發展與國民福旨，對人類社會以及世界科技的持續發展有所貢獻之目的。

日本《科學技術基本法》第 1 條闡明了該法係就與振興科學技術相關事項為訂定，並排除人文科學在本法之適用。此處所指之人文科學係指與自然科學無關之人文科學，而在自然科學與人文科學相重疊的場合（例如：自動翻譯機之研發，則屬語文學與電子學結合之情形），則不在排除之列，同時自然科學與人文科學之交集領域亦快速發展（例如考古學），彼此交互合作乃國家進步所不可或缺，故《科學技術基本法》第 2 條第 2 項亦規定：「由於自然科學與人文科學之相互關聯性對於科學進步而言極為重要，故應留意兩者間之協調發展。」

以下本文將先針對日本《科學技術基本法》為一綜觀性介紹，再針對各重要議題為分別討論，若有其他授權子法相關規定，此時亦會於此一併為介紹。

三、《科學技術基本法》之整體架構與共通規定

現行日本《科學技術基本法》共可分為五章，第一章之總則、第二章之科學技術基本計畫、第三章之促進研究開發、第四章之促進國際交流以及第五章之提振科學技術教育相關事項。總則為整體性共通性之規定，其他章則針對各事項分別規定。其架構可表示如下（參見圖 13.1）：

| 第1章 | 總則 | 法規目的、振興科學技術之方針、國家與地方自治團體之責任、施政需考慮之點、法制上措施及年度報告之共通事項。 |

第 1 條 目的
第 2 條 振興科學技術之相關方針
第 3 條 國家的責任
第 4 條 地方自治團體之責任
第 5 條 國家及地方自治團體之政策考慮
第 6 條 大學等研究機關相對應之政策考慮
第 7 條 法制上之措施
第 8 條 年度報告

| 第2章 | 科學技術基本計畫 | 「科學技術基本計畫」應制定事項、計畫制定及變更方法、要旨公告、以及計畫實施所需經費之保障。 |

第 9 條 科學技術基本計畫

| 第3章 | 促進研究 | 為了振興科學技術，國家應採取之政策。 |

第 10 條 多樣化研究均衡發展
第 11 條 研究人員之確保
第 12 條 研究設施之整備
第 13 條 促進研究開發相關資訊
第 14 條 促進研究開發相關交流
第 15 條 研究開發相關資金之運用
第 16 條 研究開發成果之公開等
第 17 條 促進民間進行研究開發

| 第4章 | 促進國際 |

第 18 條 促進國際間交流

| 第5章 | 促進科學 |

第 19 條 促進科學技術相關之學習

資料來源：水間英城，〈科學技術基本法について〉，《管理情報》，第 38 卷第 12 期，頁 1084（1996）。

圖 13.1 日本《科學技術基本法》架構圖

（一）振興科學之方針

第 1 章為總則性規定，第 1 條先就法規目的與適用範圍為規定，第 2 條就振興科學之相關方針為訂定，透過科學技術發展，智慧財產權也會快速累積，成為我國及整體人類社會未來發展之基石。而在達到此目標的同時，須確保研究人員的創造性能完全發揮與人民生活、社會及自然之調和，同時注意以下四者：1. 各研究領域均衡發展；2. 基礎研究、應用研究及開發研究之調和與發展；3. 國家研究機關、大學及民間企業之合作；4. 自然科學與社會科學之均衡發展。

（二）國家與地方自治團體之義務

《科學技術基本法》第 3 條明確規定國家對「總體科學技術振興相關之政策」有制定及實施之義務，而具體的施政要項則規定在《科學技術基本法》第 10 條至第 19 條（第 3 章至第 5 章）。地方自治團體的義務則規定在同法第 4 條，其比照國家，負有「總體科學技術振興相關之政策」之制訂與執行之義務，同時須注意發揮地方特色，促進地方繁榮。同時藉著地方科技發展，國家整體科技水平亦會提升。闡明國家與地方自治團體之義務後，同法第 5 條及第 6 條要求其在制定相關科研政策時，需注意不可偏廢基礎研究，同時須考慮大學等研究機構之需求。所謂基礎研究，依《科學技術基本法》第 5 條，具有下列特徵：1. 促成發現、解釋新現象與創造具獨特性之新技術；

2. 難以於研究之初即預見研究成果；3. 其成果未必能做實際應用。可見《科學技術基本法》要求不可全然實用、經濟導向，基礎研究仍然在整體科技發展上，具有重要之地位。另由於大學等研究機關是進行研究時不可或缺之角色，因此必須促進大學等研究機關之研究活動之活絡，具體的政策可能為「擴充研究經費」、「改善研究設施設備及環境」、「研究者之升遷」、「強化產學合作」與「頂尖研究機構之設置」等。同時大學及大學共同利用機關（「大學共同利用機關」係日本依《大學法人法》，得針對某特定核心研究領域設立之特別研究中心，下合稱大學等研究機關）既以研究人員為研發活動之主體，研究人員之自主性應當予以尊重，以確保研究者自由闊達之思想及靈感權源，如此才可能產出創意成果。因此《科學技術基本法》第 6 條特別就「研究人員自主性之確保」為例示規定。

（三）相關法制上之調整

依據《科學技術基本法》第 7 條：「國家為了實施科學技術振興之相關政策之必要，須於法制上、財政上與金融上採取相應措施」。所謂「法制上措施」，係指由國家立法補助科研；「財政上措施」，指編列科學技術相關經費預算；而「金融上措施」係指開發新技術時所需低息借貸相關制度之建立。

四、全國科學技術基本計畫及政策

《科學技術基本法》第 5 章僅有單一條文（《科學技術基本法》第 9 條），乃此法最核心部分，國會對此亦有附帶決議之做成。《科學技術基本法》第 9 條要求政府應制定科學技術基本計畫，同時在制定時須先經科學技術會議之討論（同條第 3 項），之後須公布計畫要旨（同條第 5 項）。而該計畫必須定期審視更新，計畫變更亦須經科學技術會議討論並公布其要旨（同條第 4 項）。

國會並有附帶決議之作成，其認為科學技術基本計畫乃十年願景，為期五年之計畫，政府應該徹底擴充研究經費，因此該計畫應盡可能為具體描述，例如應採之政策以及其規模，方便政府為經費之編列。而民間在科技研發亦擔負重要角色，故科學技術基本計畫應就民間關於科研之重要事項為規定。《科學技術基本法》第 9 條僅以政府為規範主體，但並未針民間角色為著墨，故附帶決議特別點出需就民間科研事項為規範，對並表示主管科學技術的各省廳間，應相互合作與給予必要協助。

值得注意者《科學技術基本法》並未明文指定訂定科技政策之主管機關，其僅表示「政府」就總體科技研發部分有義務「制定科學技術基本計畫」，另參《科學技術基本法》要求「主管科學技術的各省廳間，應相互合作……」等語可知其並未指定專門專責機關。且另參行政院國家科學委員會針對《科學技

術基本法》參考草案之專案研究計畫成果報告，亦表示《科學技術基本法》：「……未規定主管官署，該法僅係由國會針對政府全體規定關於科學振興之基本事項，具有訓示規定性質，毋須於法律中明示負責施行本法之省廳等官署，故將來係依據各省廳之設置法分別實施對策。」[3]

五、研發成果之歸屬、管理及運用

《科學技術基本法》第16條規定國家應採取必要措施以活用研究成果，例如公開研究成果及提供研發資訊以促進研發成果普及化及實用化。同法第6條亦規定國家在制定相關政策時應考量促進大學及大學等研究機關研究活動之熱絡，爰此國家為了大學研究成果之推廣，於平成10年（西元1998年）通過了《大學研究成果與技術授權民間企業強化法》。同時於平成15年（西元2003年）更進一步通過了《國立大學法人法》，使大學法人化，依該法第22條第1項第5款及同條項第8款，國立大學得進行促使研究成果普及化及實用化之相關業務，即進行該業務所需之附帶業務。同條項第7款，大學得依據《產業競爭力強化法》第22條對「特定研究成果活用支援事業計畫」之事業實施為出資（此出資包含人力與技術性支援）。「特定研究成果活用支援事業計畫」依《產業競爭力強化法》第7項，係指將國立大學之研究成果拿來與該當國立大學法人合作，並活用於該當事業活動。該當事業活動並提供有助於國

立大學研究發展之資金、技術及其他援助或支援事業。

六、科學技術研發人力與研究支援措施

意識到研究人才之重要，日本《科學技術基本法》對於育才、留才、攬才有許多相關規定。《科學技術基本法》第11條要求國家需訂定政策以保障大學中研究人員，盡力使其能力提升。並具體表示要提供適當職務與確保其待遇，科技支援人才之待遇亦須提供確保。《科學技術基本法》第14條亦要求國家應訂定適當政策，以促進研究人員間交流，讓研究人員得多樣發展或多方見識，使研究人員得更容易的形成其進行發明所需之靈感。《科學技術基本法》第18條要求國家應推行國際性之科學技術活動，包含研究人員之國際性交流，除了積極實現日本所擔負之國際性任務，藉著向不同國家之交流取經，亦有助於國家科學技術進一步發展。

除了研究人員之待遇、研究環境之保障外，日本亦深知人才培育需向下扎根，因此於《科學技術基本法》第19條要求國家應該強化青少年及全體國民對科學技術之瞭解，因此應振興學校教育與社會教育中關於科學學習之部分。具體的措施，於「學校教育」係指：國中小及高中之科學教育之改善、觀察實驗課之設備或課程內容之加強、大學理工科系之課程或體系之改善等等。「社會教育」的部分則諸如：以青少年為對象的科普書籍、或是能夠吸引青少年閱讀的各種科學教育書籍之開

發。其他諸如在日本各地廣設科學博物館亦為普及科學教育的作法之一。[4]

　　日本《科學技術基本法》除規定政府有促進科學技術振興並訂訂相關政策之責任、大學及大學等研究機關須致力推廣研究成果，亦於《科學技術基本法》第17條表示民間於科學發展扮演重要角色，要求政府應採取相關措施或制定相關政策，以促進民間研發活動，共同發展科技。具體的作法可為：對民間企業編列研發經費予以稅制上的優惠、或是對於企業給予貸款上的優惠等等措施。

七、結論

　　由日本《科學技術基本法》之架構與體例，再與我國現行法比較，仍可相當程度識別兩者規範相似之處。惟我國立法以來四次修正，主要著重研發成果歸屬運用，以及在我國法律管制密度較高的公務人員（含公立大專院校學校任行政職之教師）兼職與技術作價規定。惟本文觀察，日本《科學技術基本法》架構下，若有需進一步強化法律授權、增訂特別的促進研發措施，則通常另訂專法為之，例如《研究開發力強化法》第3條第2項即揭示該法係落實《科學技術基本法》第2條之任務所設。因此，我國或可將《科學技術基本法》回歸其基本法的性質，至有必要訂定法律特別規定，或相關鬆綁措施，可以另訂專法，以收更全面完整之效。

注釋

1. 蔡明誠，〈科學技術基本法的制定及影響〉，《新世紀經濟法制之建構與挑戰》，（2002 年 9 月），頁 801。

2. 《研究開発システムの改革の推進等による研究開発能力の強化及び研究開発等の効率的推進等に関する法律》，即日本簡稱之《研究開發力強化法》。

3. 馮震宇、葉俊榮、劉宗德，〈行政院國家科學委員會專愛研究計畫成果報告——科學技術基本法草案〉，行政院國家科學發展委員會委託研究，頁 91（1997）。

4. 水間英城，〈科学技術基本法について〉，《管理情報》，第 38 卷第 12 期，頁 1087（1996）。

Part 3

結合在地優勢

14 技術輸出與保護法制研析
——以兩岸三地法令規範為例

陳宏志

一、緒 論

　　現代各國經濟發展中，產業技術的良窳較過往更具關鍵地位。為確保研發優勢並維持產業競爭力，一來需要不斷投入大量資源鼓勵創新研發，故多由政府透過政策等方式挹注；再則需要因應產業全球化及國際市場競爭之趨勢，除一般之貿易出口管制外，針對政府投入資源研發所得之技術成果，如何進行必要之管理，以有效提升國內產業競爭能量，並兼顧全球市場布局之需求，實值關注。

　　我國政府鼓勵技術研發以科技專案為主，其研發成果包含專利、商標或營業秘密等，如何透過管理法制與實務需求，有效保護政府補助之研發成果，以提升國內產業效益，且在運用該等成果時亦能配合全球化之趨勢發展，不容忽視。本文將以我國經濟部科技專案研發成果規範為主，另因已有諸多文獻探討美國、日本、歐盟規範[1]，由於香港、中國大陸，除地緣關

係外，長期與我國產業發展關係密切，擬探討其政府相關部門補助之研發成果倘涉技術輸出，既有管理規範為何，進而綜整兩岸三地相關法令，俾提供具體建議，以作為我國未來精進研發成果運用政策之參考。

二、我國技術輸出管制與保護規範概述

（一）技術輸出涉貿易法、敏感科技保護或兩岸條例等規範

1. 貿易法之出口管制

　　有關我國出口管制之法律依據，主要為《貿易法》第 6 條第 1 項第 5 款之規定。爰經濟部國際貿易局（簡稱國貿局）於 1994 年 3 月 31 日公布《戰略性高科技貨品輸出入管理辦法》，並在 1995 年 7 月 1 日公告實施戰略性高科技貨品輸出管理制度。目前依《貿易法》第 13 條第 3 項規定，戰略性高科技貨品之種類、管制地區，由主管機關會商有關機關後公告之。

　　國貿局公告之戰略性高科技貨品種類計有三類：1. 輸往北韓及伊朗敏感性貨品清單歐盟軍商兩用貨品及技術出口管制清單及歐盟一般軍用貨品清單；2. 非屬前述清單內項目，惟其最終用途或最終使用者有可能供作生產或發展核子、生化、飛彈等軍事武器之輸出貨品；3. 依出口國政府規定須取得我國核發國際進口證明書或其他相關保證文件之輸入貨品[2]。以目前管

制之「歐盟軍商兩用貨品及技術出口管制清單³」爲例，所列
之管制品涵蓋生化、電子、電腦、電信、航空、核子等多項領
域之相關專業技術、規格及貨品。

2. 敏感科技保護

我國各部會出資所獲得之研發成果，如屬敏感科技者，係
依「政府資助敏感科技研究計畫安全管制作業手冊」規範進行
管制。依該作業手冊之壹、名詞定義第 5 點規定：某一高科技
之研發成果或資料若流入國外、大陸地區、香港、澳門，將損
害國家安全或損及我國經濟競爭優勢，則該項科技即稱爲敏感
科技。

依該作業手冊之規定，中央主管機關、或政府資助機關
（含自行研究機關）參考《國家機密保護法》及「科技資料保
密要點」，可將敏感科技研究計畫之敏感等級區分爲「A 級」
及「B 級」，建立不同安全管制機制，並要求政府資助機關及
自行研究機關應分別與敏感科技研究計畫執行機關（構）及自
行研究計畫研究人員簽署保密協定等。

3. 兩岸條例規範

另研發成果涉技術輸出尚受《臺灣地區與大陸地區人民關
係條例》（簡稱《兩岸條例》）規範，經濟部投資審議委員會
（簡稱投審會）依《兩岸條例》第 35 條授權訂定《在大陸地
區從事投資或技術合作許可辦法》（簡稱《許可辦法》）。依

該許可辦法第 5、6 條之規定，關於兩岸技術移轉或有技術合作之類型，如實務上常見赴大陸地區投資係以技術作價而成為股東者，須依同辦法第 7 條規定填具「在大陸地區從事投資申請書－簡易審查」等事先向投審會申請許可。

（二）技術輸出屬經濟部科專研發成果境外實施之具體規範

　　我國各部會補助所生之研發成果，其法源為《科學技術基本法》第 6 條第 3 項之規定，相關研發成果運用規範，皆依此法律授權訂有配套措施。以經濟部為例，訂有《經濟部科學技術研究發展成果歸屬及運用辦法》（簡稱《成果歸屬及運用辦法》）。其中涉技術輸出之規定，主要係規範相關研發成果在我國管轄區域外製造或使用（簡稱境外實施）之情形，如《成果歸屬及運用辦法》第 16 條規定，專屬授權於境外實施者須經濟部核准。如為非專屬授權，原則開放，例外才報部核准。

　　以經濟部為例，有關我國政府補助研發成果涉技術輸出之管理規範架構，茲以圖 14.1 表示。

三、香港特別行政區科研成果相關規範

　　香港特別行政區政府（下稱香港特區政府）推動科研創新主要單位為創新科技署，其隸屬香港創新及科技局。該署並掌握全香港最重要的科研資源：「創新及科技基金」。以下就香港特區政府補助之計畫成果涉技術輸出相關規範，摘要說明如次：

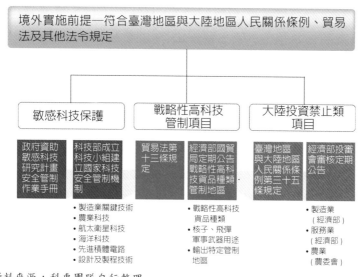

資料來源：科專團隊自行整理

圖 14.1　我國研發成果涉技術輸出規範概述

（一）政府補助之研發成果運用規範

　　香港特區政府未對科研補助或相關成果運用訂有專法，然有關其政府科研補助資源，主要來自於「創新及科技基金」。按該基金係由香港立法會於 1999 年 6 月 30 日決議依《公共財政條例》（第二章）之下成立的法定基金。1999 年 7 月 9 日，立法會財務委員會批准投入五十億港元予該基金，並於當年 11 月 1 日開始運作[4]。

　　為有效管理，創新科技署於 2000 年 7 月 1 日成立後，即負責控管該基金，並主要提供：「創新及科技支援計畫」、「一般支援計畫」、「大學與產業合作計畫」、及「小型企業研究資助計畫」（此計畫已於 2015 年 4 月 28 日起由屬商務及經濟發展局項下之企業支援計畫取代）等四項計畫之財務支援[5]（其他還有科技園公司及數碼港實習研究員計畫、科技券計畫、校院中游研發計畫、大學科技初創企業資助計畫等，多屬 2016 年底或 2017 年初開放申請之項目，成果較少，故暫不列入本文範圍）。

　　有關香港特區政府補助計畫之成果歸屬，以前述「創新及科技支援計畫」為例，因其主要申請機構必須為下列兩者之一[6]：

1. 創新及科技基金下成立的研發中心；或

2. 指定本地公營科研機構（如香港本地大學、香港生產力促進局、職業訓練局、製衣業訓練局及香港生物科技研究院等單位）。

　　目前香港政府規定，原則上「平台項目」所產生的智慧財產權由申請機構擁有。惟倘原來就屬於研發中心之研發項目，各研發中心可與負責進行大部分研究工作的大學，對於該項目所產生的智慧財產權所有權進行分配。但如果業界夥伴的贊助達申請項目總成本百分之五十以上，該合作項目的知識產權將由業界夥伴所有。至於智慧財產權利

益分配及相關安排，則可由申請機構及業界夥伴自行商討，並於申請項目之協議內說明。

（二）研發成果屬敏感科技保護相關

香港並無敏感科技保護專法。另依創新科技署規定，創新及科技支援計畫資助的研發工作，主要應在香港境內進行。然有鑒於香港與中國大陸關係密切，該基金例外允許申請項目最多百分之五十的研發工作（和百分之五十的相關開支）可在大陸地區進行。惟除大陸地區外，如果部分研發工作須在香港境外進行，則必須事先徵求創新科技署批准，並說明理由，如：有關國家、省市、海外科研機構已與香港政府，或香港當地大學、研發中心簽訂科技合作協議、諒解備忘錄等[7]。

（三）涉技術輸出之貿易出口管制重點

關於香港特區政府之貿易出口管制係以香港法例第 60 章《進出口條例》及第 537 章《聯合國制裁條例》為主，若屬受管制貨品，於出口前須取得主管機關之許可，簽發許可證或證明書。如屬聯合國安全理事會或相關公約所列出的任何物項、材料、設備、貨物或技術，都屬於管制輸出內容。至於相關進、出口管制類別及主管機關等皆可透過網站查詢，如特定技術評估係由工業貿易署戰略物品部，槍砲及彈藥進出口須得到香港警務處許可，放射線等由衛生署放射衛生部[8]許可。

四、中國大陸科研成果相關規範

近年來中國大陸經濟蓬勃發展，其各部會皆投入大量資源鼓勵研發，以維繫產業發展動能。以科學技術部（簡稱科技部）為例，目前推動之「十三五國家科技創新規劃[9]（2016-2020年）」，其中如提升自主創新能力及創新型人才規模質量、鼓勵創新體制機制、優化創新創業生態等為其推行主軸。以下就中國大陸政府補助之計畫成果涉技術輸出相關規範，摘要說明如次：

（一）政府補助之研發成果運用規範

為鼓勵科學技術研究開發與創新，中國大陸訂有《科學技術進步法》及《促進科技成果轉化法》等規範。其中，關於其科技計畫成果之歸屬，依《科技進步法》第 20 條第 1 項規定，凡其政府補助之科技計畫研發成果，其產出之發明專利權、電腦軟體著作權、積體電路布局權及植物品種權，除涉及中國大陸國家安全、國家利益或重大社會公共利益者外，由該科技計畫項目承擔者（參照《科技進步法》第 5 條第 2 項規定，可能為組織或個人）依法取得。

此外，為落實其知識產權（智慧財產權）戰略，保障重要研發成果，針對重大專項計畫所生之成果歸屬，尚訂有《國家科技重大知識產權管理暫行規定》。依該規定第 22 條第 1 項規定，原則上，如涉及中國大陸之國家安全、國家利益或重大

社會公共利益者，其成果（依該規定第 2 條規定，除與科技進步法規範相同之發明專利權、電腦軟體著作權、積體電路布局權及植物品種權外，尚增加技術秘密乙項）歸屬於國家，授權項目（課題）責任單位可免費使用。反之，如未涉及國家安全等，則成果歸屬於該責任單位。

至於前述研發成果運用，依《促進科技成果轉化法》第 2 條第 2 項規定，該法所稱科技成果轉化，是指為提高生產力水平而對科技成果所進行的後續試驗、開發、應用、推廣至形成新技術、新工藝、新材料、新產品，發展新產業等活動。因此，研發成果之所有權人，依該法第 16 條、第 23 條第 1 項規定可與相關合作對象共同實施、轉讓或授權他人使用該成果。

（二）研發成果屬敏感科技保護相關

中國大陸對於類似我國敏感科技之技術，如有損害該國經濟安全或利益者，係屬其國家機密保護機制，且訂有《保守國家秘密法》及該法實施條例，以避免屬其國家機密者不當外洩，如《保守國家秘密法》第 9 條第 1 項第 5 款之規定。另涉技術輸出之具體保護措施，則依《科學技術保密規定》第 21 條之規定：「（第 1 項）在對外科學技術交流合作中，確需對外提供國家科學技術秘密的，應當按照國家有關規定辦理審批手續。（第 2 項）因工作確需攜運國家科學技術秘密資料、物品出境，應當按照國家有關規定進行保密審查，並辦理出境手續」。

（三）涉技術輸出之貿易出口管制重點

依中國大陸《對外貿易法》、《海關法》等相關規定，凡列入出口管制之項目，國務院下之商務部等機關對於公告所列物品之出口，會進行監督檢查。出口廠商如果未經許可、或超出出口許可範圍，或有其他違法情形者，主管機關依法將給予行政處罰；如構成犯罪，將追究刑事責任。

另依《對外貿易法》及《技術進出口管理條例》之授權，中國大陸商務部與科技部於 2009 年 4 月間訂定《禁止出口限制出口技術管理辦法》，並自公布之日起三十日後施行。其中該辦法第 3 條規定，對於列入中國大陸禁止出口限制出口技術目錄之相關技術，出口前須先取得主管機關批准，以取得出口許可證。

五、結論

就本文觀察所得，兩岸三地涉技術輸出之規範，主要可分為貿易出口管制法規、敏感科技或國家機密保護相關法規、政府補助研發成果法規等三類。惟基於整體政策或相關因素，兩岸三地法令規範略有不同，如技術輸出涉貿易進出口，多採取類似之貿易或戰略性貨品規範體系。以我國現行法規為例，針對戰略性高科技貨品係遵守瓦聖納協議（Wassenaar Arrangement, WA）等國際條約或協定，並受貿易法之規範；

而香港及中國大陸也係依對外貿易相關法規處理。

　　關於敏感科技或國家機密保護相關法規部分，中國大陸係依《保守國家秘密法》及《科學技術保密規定》之規範，而香港則尚未見針對敏感科技另訂專法規範。在我國，政府資助科技研發成果屬敏感科技者，適用「政府資助敏感科技研究計畫安全管制作業手冊」之規範。此外，涉研發成果運用，如香港則對境外研究有特別管理規定，出資半數以上之業界可獲得成果所有權；而中國大陸之《科技進步法》及《促進科技成果轉化法》亦有國內產業優先原則，境外實施須經核准等規定。我國則係依《經濟部成果歸屬及運用辦法》等規範，合理保障及有效運用政府補助資源，且已兼顧國內產業競爭能量，及全球策略布局之需求。

注釋

1. 如經濟部國際貿易局前於 2011 年 3 月委託華冠國際顧問有限公司完成之〈美、日、歐盟對無形技術管制之法令規定、作法及我國推動無形技術管控之可行性研究〉報告。

2. 〈首頁＞貿易法規與管理＞戰略性高科技貨品管制＞出口管制介紹〉，經濟部國際貿易局，http://www.trade.gov.tw/Pages/Detail.aspx?nodeID=899&pid=76977（最後瀏覽日：2017 年 8 月 31 日）。

3. 〈首頁＞貿易法規與管理＞戰略性高科技貨品管制＞輸出管制貨品清單及篩選工具〉，經濟部國際貿易局，http://www.trade.gov.tw/Pages/detail.aspx?nodeID=901&pid=76984（最後瀏覽日：2017 年 8 月 31 日）。

4. 香港立法會，CB(1)1282/12-13(06) 號文件，頁 1。

5. 香港創新及科技基金，網址：http://www.itf.gov.hk/I-tc/WhatsNew.asp?textmode=0（最後瀏覽日：2017 年 8 月 31 日）。

6. 香港創新科技署，〈創新及科技支援計畫申請表格填寫指南〉，頁 4。

7. 同前註，頁 8。

8. 香港工業貿易署，https://www.tid.gov.hk/service/ie/jsp/IE_Gen_IECLR_Home_c.jsp（最後瀏覽日：2017 年 8 月 31 日）。

9. 中國大陸科技部，〈「十三五」國家科技創新規劃〉，網址：http://www.most.gov.cn/ztzl/sswgh/（最後瀏覽日：2017 年 8 月 31 日）。

15 跨境投資與產業技術保護法制研析

——日本與韓國之立法趨勢

鄭嘉文、許祐寧

一、前言

近年來，科技研究與發展日新月異，科學技術的法律權利形式也更為多元且可透過各種形式流出，因此，研擬國家產業與經濟利益的技術保護法制與實務操作，成為各國主管機關關切的重要課題。

關於跨境投資與產業技術保護法制之議題，聚焦在如何從國家利益的角度適當對技術輸出進行管理，各國對此亦有不同作法。尤以近年來中國大陸企業大肆進行全球併購[1]，每每引起各國輿論從法制面檢討是否應有適當因應規範，例如在跨境投資上如何保護國家核心技術避免外流[2]。爰此，本文整理各國現有及最新立法趨勢包括日本新近法規修正，及韓國產業技術相關保護法制以為斟酌。

二、日本《外國匯兌暨外國貿易管理法》

自 1980 年代以來，日本企業加速投資發展在中國大陸東南地區的海外企業。技術的輸出逐年提高，海外企業的專利技術在有形（如：設計圖、商標樣式等）及無形（如：教育、從業員的訓練）的資訊提供下，大幅的被移轉海外[3]。而後，中國以高價報酬挖角日本具有專業技術技能的現役及退休人員，意圖使專業尖端技術外流，導致日本之企業競爭力受到威脅，因此，日本政府為確保其敏感科技之保護及管理[4]，於《外國匯兌暨貿易管理法》（簡稱《外匯法》）中加強了行政罰及刑法罰則。

日本經濟產業省於 2017 年 3 月 3 日提出《外匯法》修正草案，5 月經國會參眾兩院通過。修正重點包括[5]：

(一) 高科技技術保護

為考量高科技之敏感技術可能影響國際和平及妨害國家安全，針對諸如碳素纖維、半導體等尖端技術在流動管制上，必須先經過主管機關許可，方可輸出。《外匯法》對於高科技技術保護例如[6]：被廣泛運用的各種部件及加工零件、用於機體之可斷熱或耐高溫之碳纖維技術、飛機機體及離心力相關的碳纖維技術、耐高溫高電及可增強電力的新型半導體技術、用於飛機機體之耐高溫及耐熱性強的特殊合成樹脂原料等。

(二) 日本企業對於外國企業投資之限制

　　而對於日本企業之對內直接投資，為保護國家安全不受到損害、維持公共秩序，並以公眾安全之保護作為國內企業投資的規則[7]，針對外國投資日本企業者，可分為事前申請及事後報告，事前申請者通過申請則直接開始進行交易，若有問題，則經過「外匯審議會」進行變更或中止。

（參考）日本對內直接投資之事先申請 / 事後報告審查制度

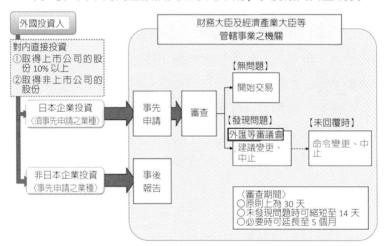

資料來源：

http://www.meti.go.jp/press/2016/03/20170303001/20170303001-2.pdf

圖 15.1　日本企業對於外國企業投資之審查流程圖

（三）輸出許可限制

日本於此次《外匯法》修法規定，日本企業具有高度競爭力之貨品技術，在出口前，必須先獲得許可。

（四）罰則加重[8]

依現行法規定，違反《外匯法》之一般人及法人均課五百萬至一千萬日圓之罰金，換言之，修法後除依情節提高罰金外，更將違法之主體分為一般人及法人。

一般人洩漏核武、大規模具破壞性武器者之技術者，最高處三千萬日圓或輸出價格的五倍；洩漏步槍、地雷等一般武器技術者，最高處二千萬日圓或輸出價格的五倍；洩漏其他技術者最高處一千萬日圓或輸出價格之五倍；至於針對法人則規定針對洩漏大規模破壞性武器最高處十億日圓或輸出價格之五倍；洩漏一般性武器最高處七億日圓或輸出價格的五倍；洩漏其他技術則最高可處五億日圓或輸出價格之五倍。

（五）股份取得之限制[9]

事前申報限制對象中，對於外國投資人從其他外國投資人取得非公開發行股份時，《外匯法》追加「對國家安全是否會構成巨大損害之虞」作為基準之必要審查制度。且為加強外國資本對日本投資的限制，原本海外企業間買賣股票時僅規定上市公司需向政府報告，而修法後則規定非上市公司亦需進行報告。

【現階段規範概要】

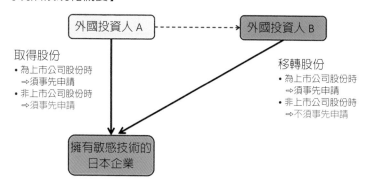

資料來源：

http://www.meti.go.jp/press/2016/03/20170303001/20170303001-2.pdf

圖 15.2　企業投資及股份取得限制圖

（六）違反《外匯法》之人員從業限制

違反《外匯法》之公司，國家政府可命令其賣出取得的股票，並且對違反《外匯法》洩漏高科技至海外前科公司之董事、代表、經理等從業人員禁止其轉任其他公司或獨立從事相同業務。

綜上，日本政府為防止具日本尖端技術之日本企業被收購後技術流出，會造成國家安全受到威脅，以及產業競爭力減弱，日本經濟產業省特提出《外匯法》修法，加強外國對於日本企業的投資限制、高科技技術出口之保護、違反《外匯法》之罰金、行政罰則及該特定違反者爾後從業之限制，以因應上

述情況之發生。

項目	修法前	修法後	
罰金 （最高科處）	500 萬至 1000 萬日圓	一般人	一般性武器：2000萬日圓
			大規模武器：3000萬日圓
		法人	一般性武器：7 億日圓
			大規模武器：10 億日圓
外國企業購買、出售股權之申報限制	公開發行公司	非公開發行公司亦須申報，違者將被政府強制命令出售股權。	
修法後新增項目			
審查制度	事前申報限制對象中，對於外國投資人從其他外國投資人取得非公開發行股份時，《外匯法》追加「對國家安全是否會構成巨大損害之虞」作為基準之必要審查制度。		
轉任之限制	違反「《外匯法》」之公司，國家政府可命令其賣出取得的股票，並且對違反「《外匯法》」洩漏高科技至海外公司之董事、代表、經理等從業人員禁止其轉任其他公司或獨立從事相同業務。		

資料來源：作者自行整理

圖 15.3　日本《外國匯兌暨外國貿易管理法》修法比對圖

三、韓國《防止洩漏與產業技術保護法》

（一）立法背景與目的

　　面對中國大陸匯集各國高科技技術的野心，韓國產業科技
「核心技術」遭盜竊並流向海外的個案日漸增加，其中大部分
的產業技術又都流向中國，帶給韓國無法估量的經濟損失。

　　為防止洩漏、實踐國家保護產業技術之責任與義務，韓
國於 2006 年制定《防止洩漏與產業技術保護法》（簡稱《產
業技術保護法》）[10]，全文共六章三十九條，立法目的在保護
國家安全與國民經濟發展，設計防止產業技術洩漏之制度與措
施，以強化國家產業競爭力[11]。

（二）產業技術保護委員會的組成與運作

　　依據《產業技術保護法》第 7 條的授權，由韓國產業通商
資源部（MOTIE）組成產業技術保護委員會，部長擔任主任
委員，並由包含部長在內的二十五位以下委員組成，其中至少
五位必須具備以下要件：1. 由中央部會首長或總統命令指定；
2. 為負責保護與防止產業機密洩漏之情報蒐集與調查的首長；
3. 由主任委員指定具備保護與防止產業機密洩漏之專業經驗與
知識的人員。[12]

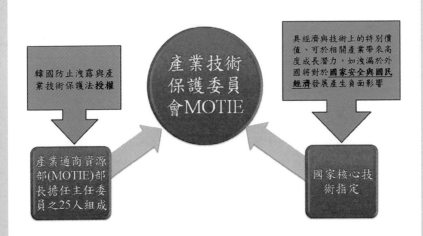

資料來源：作者自行整理。

圖 15.4 韓國產業技術保護委員會之組成與運作

（三）產業技術與國家核心技術之認定

　　韓國《產業技術保護法》，主要係針對涉及國家核心技術的產業提供特別之保障，故必須先釐清《產業技術保護法》所指的產業技術與國家核心技術究竟為何。

　　「產業技術」，依據《產業技術保護法》第 2 條第 1 項，係指產品或服務的開發、製造或擴散，所必須具備之技術或方法，而此種技術或方法能夠強化產業競爭力。另外，依中央目的事業主管機關依法律或命令所指定或公告之產業技術，包括領先先進技術國家的原創性技術、能夠降低成本或提升產品效能之技術、強化國家技術並增進國際市場競爭力之技術與利用

實施的技術等。

　　「國家核心技術」，依據《產業技術保護法》第 2 條第 2 項，係由韓國產業通商資源部（MOTIE）部長提交產業技術保護委員會後指定，該技術必須具備國家與海外市場的經濟價值、或存在高度成長潛力，若是洩漏至海外可能對國家安全與國民經濟發展產生不利之影響[13]。

　　另外，為了平衡產業技術發展與國民經濟保障，國家核心技術必須在最小必要限度內受指定。各中央行政首長得綜合考量國家安全、國民經濟、產業技術的海內外市場比率及相關技術領域之趨勢等，提出相關建議[14]。

　　再者，若是國家核心技術經指定後為內容變動，則需經產業技術保護委員會審議後方得變更或解除。該技術之所有者或利害關係人得於指定、變更或解除時陳述意見[15]。

（四）管制措施與法律效果

　　韓國《產業技術保護法》為防止國家核心技術外流，影響國家安全與國民經濟，研擬出一套管制措施與法律效果。以該國家核心技術是否受有國家資源補助發展，分別以事前許可或事後報備方式，異其管制之強度。

1. 受有國家補助發展之國家核心產業技術

　　受有國家資源與經費補助而產出的研發技術成果，若是洩漏至他國，必定會對國家安全與經濟產生巨大影響。《產業技

術保護法》因此規定，若欲將此類國家核心技術以銷售、移轉等方式出口至國外，應經產業通商資源部部長徵詢相關中央行政機關首長意見與產業技術保護委員會同意，綜合考量出口該產業技術，對於國家安全與國民經濟的效應，評估後方爲許可輸出。

2. 非受有國家補助發展之國家核心產業技術

此種情況下，雖然國家並未投注國家資源與經費，但若是該產業技術涉及國家核心，具有特別經濟價值、市場發展潛力、若洩漏於外將對國家安全與經濟產生不利影響時，仍有必要加以管制。只不過此時的管制強度相對降低，採取報備制。當產業通商資源部長認定此項產業技術的輸出有疑慮時，得諮詢相關中央行政機關首長，經產業技術保護委員會審議，要求該產業技術必須暫緩、禁止輸出或回復原狀。

3. 未遵循管制措施之效果

當涉及國家核心的產業技術未遵循上開規範，例如未經許可或以不正當方式取得許可後輸出、未提出或提出虛僞國家核心技術報告等情形，產業通商資源部部長得向產業技術保護委員會提出，違反管制措施的調查資料，經產業技術保護委員會審議同意後，對於該產業技術爲暫緩、禁止輸出或回復原狀等措施。受處分者，自得提出相關意見[16]。

另外，若是有竊盜、詐欺、恐嚇或其他不正方式，取得、

使用或洩漏產業技術於公眾之行為，《產業技術保護法》亦規定了相關的刑罰與罰則[17]。

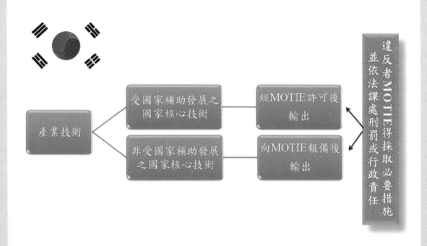

資料來源：作者自行整理

圖 15.5　韓國產業技術管制措施與法律效果

（五）具體執行情形

　　韓國《產業技術保護法》於實際執行上，如何認定國家核心技術，以及其如何援引《產業技術保護法》具體因應國家或產業面臨的技術外流困難，可能正因為議題敏感性較無公開資料可獲得。

　　產業技術保護委員會，在「有關防止產業技術外洩及保護之第一次綜合計畫（2013-2015年）」中揭示，由產業通商資

源部負責管理國家核心技術：橫跨八大領域、四十七項技術。並於「有關防止產業技術外洩及保護之第二次綜合計畫（2016至2018年）」中，擬將焦點置於奠定國家核心技術保護基礎，包括研擬與外國企業共同進行研發（R&D）、技術移轉及使用、併購過程所需之應變指南，以預防尖端技術流出海外。近來，韓國產業通商資源部及中小企業廳共同發表「防止產業技術外洩及保護計畫」，未來將擴大支援因產業技術外洩而產生損失之中小企業，並加強管理保有國家核心技術企業之海外併購。

　　《產業技術保護法》第 11 條之 2 亦規定，擁有國家核心技術的產業機構為海外收購或併購，應向韓國產業通商資源部（MOTIE）報告。《產業技術保護法》第 11 條之 2 為 2013年 3 月甫修正訂定之機制，按該條第 1 項規定「任何機構或組織擁有政府補助之國家核心技術，其欲進行海外併購、創設合資企業等外國投資行為，應向 MOTIE 報告」；第 2 項規定「任何前項擁有政府補助之國家核心技術的機構或組織，如發現有外國人意圖對其進行跨國併購，應立即向 MOTIE 報告」；第 3 項、第 5 項規定「MOTIE 經由前二項報告認為有國家利益遭受損害之虞者，得諮詢相關部會後採取適當措施，包括中止、禁止併購或要求回覆原狀」、「若該組織或機構為依照本條規定提出報告或有其他違法行為時，MOTIE 必要時得請情報與調查局協助檢查，並向產業技術保護委員會報告後要求該組織或機構採取前項措施」。

　　綜合觀察韓國《產業技術保護法》可以發現，該法律為了防止產業技術外流，避免國家長期投注資源與經費研發之成果付諸流水，以產業技術保護委員會作為統一審理之機構，有效管理國家核心技術的輸出。這樣的做法的確有助於韓國產業技術的保障，但於此同時，也影響了產業技術發展、應用與擴散的可能性。例如，跨國企業於韓國投資意願減低、難以吸取優秀研發人才、繁雜的管制手段與刑罰亦成為產業技術發展的障礙。

四、結論

　　關於國際跨境投資與產業技術保護法制研析的立法趨勢，可以區分兩種思考脈絡，其一是企業因海外併購獲取技術的審查機制，另一是防止產業技術洩漏的保護法制。

　　以海外企業併購取得技術之完備審查機制而言，日本制定《外匯法》，目的在規範企業因海外併購，導致與國家安全相關的重要技術流失的情況，透過《外匯法》的制定，能使被規範對象清楚知悉應事前審核的技術為何，對於企業在併購計畫的擬定上也較為清楚，應為較佳的立法方案。

　　防止產業技術洩漏之保護法制方面，觀察韓國《產業技術保護法》，藉由設立獨立的產業技術保護委員會，認定國家核心技術的作法，能使涉及國家經濟與安全的產業技術輸出，受有更加嚴謹的保障。其區分國家核心技術是否為政府補助，並

異其審查強度的執行方法，可以作爲我國防止產業技術洩漏法制之參考。

注釋

1. 〈入股力成宣告破局 紫光三大併購案告終〉，中時電子報，2017/1/13，
http://www.chinatimes.com/realtimenews/20170113005491-260410（最
後瀏覽日：2017 年 7 月 10 日）。〈東芝半導體若售中台企業，日本
政府擬勸止〉，中央社，2017/3/23，http://www.cna.com.tw/news/
afe/201703230266-1.aspx（最後瀏覽日：2017 年 7 月 10 日）。

2. 高木真也，〈東芝の半導体売却、中止勧告も中・台企業なら外
為 法 で〉 朝 日 新 聞，2017/3/23，http://www.asahi.com/articles/
ASK3Q5GWDK3QULFA01T.html（最後瀏覽日：2017 年 7 月 10 日）。

3. 田上博道，〈我が国における技術移転規制について〉，《特許研究
PATENT STUDIES》，第 42 期，頁 57（2006）。

4. 矢吹宗男，〈研究者・技術者のための化学実験にかかわる規則・法
律入門 輸出入管理規制に関する法令と規則〉，《ぶんせき》，頁 286
（2012）。

5. 〈日本經濟產業省網站〉，http://www.meti.go.jp/press/2016/03/
20170303001/20170303001.html（最後瀏覽日：2017 年 7 月 24 日）。

6. 〈日本經濟產業省網站〉，http://www.meti.go.jp/press/2016/03/
20170303001/20170303001-2.pdf（最後瀏覽日：2017 年 7 月 24 日）。

7. 〈日本經濟產業省網站〉，http://www.meti.go.jp/press/2016/03/
20170303001/20170303001-2.pdf（最後瀏覽日：2017 年 7 月 24 日）。

8. 〈日本經濟產業省網站〉，http://www.sangiin.go.jp/japanese/joho1/
kousei/gian/193/meisai/m19303193041.htm（最後瀏覽日：2017 年 7
月 24 日）。

9. 〈日本經濟產業省網站〉，http://www.meti.go.jp/press/2016/03/
20170303001/20170303001-2.pdf（最後瀏覽日：2017 年 7 月 24 日）。

10. 韓國法律條文取自「韓國立法研究院」（Korea Legislation Research

Institute, KLRI）翻譯之英文版本，參見 KLRI 網站，http://www.klri.re.kr/（最後瀏覽日：2017 年 7 月 25 日）。

11. 《產業技術保護法》第 1 條。

12. 《產業技術保護法》第 7 條第 2 項、第 3 項。

13. 陳世傑，〈木槿守則——談韓國產業技術保護法制〉，《科技創新與全球布局》，商周出版，頁 108-110（2011）。

14. 《產業技術保護法》第 9 條第 1 項、第 2 項。

15. 《產業技術保護法》第 9 條第 3 項。

16. 《產業技術保護法》第 11 條。

17. 《產業技術保護法》第 14 條、第 36 條、第 37 條。

18. 〈韓國將加強支援因產業技術外洩而產生損失之中小企業〉，經濟部國際貿易局經貿資訊網，http://www.trade.gov.tw/Pages/detail.aspx?nodeID=45&pid=546730&did=97172（最後瀏覽日：2017 年 7 月 24 日）。

16 科技研發人才策略
——以歐盟及日本科技人才政策措施為借鏡

王怡婷

一、前言

先進國家一方面提升研發支出[1]，並同時思考多元化的研發資源投入方式，以得使研發資源的挹注不僅止於單一資金面向，並結合科技人才的交流與培育等，擴大科研發展的無限可能性。與全球各國政府面對創新研發經濟的未來趨勢相同，近年來，我國政府除了以現有產業技術補助和輔導模式來推動產業創新活動，更持續思考各項研發資源之有效運用，以因應未來之挑戰。例如「國家科學技術發展計畫」（102年至105年）[2]將「如何運用並妥善配置有限之研發資源連結上中下游產業鏈」納入年度關鍵議題，而民國104年提出「產業升級轉型行動方案」[3]亦針對如何透過資金、人力、科技資源等政策工具促成研究法人與學研機構和產業界結盟研提重點策略規畫。有鑒於此，本文擬就研發人力資源的科技人才政策為出發點，參酌歐盟先進國家及日本之作法，分析並提出有關政策工具進行研議。

二、歐盟促進研發人才政策工具：歐盟人才培育計畫 MSCA[4]

(一) 歐盟創新研發框架計畫專設之人才培育方案

人才培育計畫（Marie Skłodowska-Curie Actions, MSCA）係歐盟創新研發框架計畫（Horizon 2020-EU Framework Programme for Research and Innovation, Horizon2020）為培育創新研發人才專門設置之人才培育方案。Horizon2020 於 2014 年開始實施，為目前國際上最具規模之科技研發計畫[5]。為鼓勵歐盟各領域產業、學校、科研機構投入特定領域研發提供資金補助，另開放非歐盟會員國之第三方國家科研機構申請參與計畫。[6]

(二) 重於科研人才培育與交流，由歐盟執委會教育暨文化總署主責

Horizon2020 依技術領域與發展屬性將計畫分為三大支柱：1. 卓越科學（Excellent Science）；2. 產業領導（Industrial Leadership）；3. 社會挑戰（Societal Challenges）。其中，歐盟人才培育計畫（Marie Skłodowska-Curie Actions, MSCA）歸於第一支柱卓越科學研發環境建構項目，以人才交換培育為歐盟策略重點，而與 MSCA 之相關申請事宜與協調管理項目由歐盟科學文教總署主責，必要時得責請歐盟相關機構協處。

(三) 針對歐盟科技研發需求與屬性，規劃從基礎研究到產業運用之培育項目與補助方式

　　針對歐盟 Horizon2020 創新科研計畫之需求與屬性，規劃從基礎研究到產業運用之培育項目與補助方式，歐盟科學文教署於今年 1 月公布之「MSCA 2016-2017 工作框架」[7]內容區分四個 MSCA 補助方案：跨國研究補助（Individual Fellowships）、國際聯合基金方案（Co-Funding of Regional, National and International Programmes）、創新訓練網絡（Innovative Training Networks）、創新研發機構交換計畫（Research and Innovation Staff Exchange, RISE）等，然而為推廣人才培育效益與促進研究能量聚集，MSCA 特此增設研究之夜（Researcher's Night）與在國外設立跨國國家聯絡據點（EU National Contact Point）等推廣措施。所謂研究之夜係歐盟內為促進各領域研究人員交流所舉辦之研討會議，希冀透過此平台，除增進歐盟會員國內各研究者交流外，亦達成推廣 MSCA 人才培育計畫之效益。

(四) 依研究屬性、需求提供不同補助措施，系統化培育各階段、各領域研發人員（含博士生）

1. 跨國研究補助——獎勵個人進行研究

　　係針對具豐富研究經歷之研究員提供跨國研究補助，並設有歐盟境內移地研究（European Fellowships）或非歐盟國家研

究（Global Fellowships）兩種補助項目。針對非歐盟國家研究補助部分，其規定研究期程應為十二個月，並於完成研究後返回歐盟機構就職。[8]

2. 國際聯合基金方案

本方案提供具研究專業經驗之研究者進修與培訓機會，首要針對各區域、國家及國際上既有或新設置之研究員研發補助，藉以促成研究者跨國研究合作、增加研究者研發自主性與能量。歐盟、鄰近國家或歐盟認列合作夥伴國家皆提出申請補助。國際聯合基金方案在申請上，要求欲申請之計畫可為既有或新設補助計畫，惟在申請資格上有不同要求。

此外，在經費運用上，針對既有計畫，歐盟要求不得因成功經費申請而減縮原本計畫經費支用。更規定申請計畫應至少包含下列一項模式：(1) 跨國移動：歐盟及鄰近國居民由歐盟、鄰近國移動至歐盟或鄰近國；(2) 移入歐盟會員國境內：非歐盟及鄰近國研究者由鄰近國移動至歐盟會員國境內或由第三國移入歐盟、鄰近國。

除前述申請資格上有特別規定外，本方案之申請方式採研究員申請制，若欲申請本方案補助，研究者應自行決定研究主題、與欲合作對象規畫等，在計畫審核上歐盟研究執行署（Research Executive Agency, REA）遴選各領域專家組成審查會議，針對研究者自主研究之彈性與否，決定是否提撥研究補助款。而合作方式與期程上，REA 選定欲補助計畫後將由歐

盟研究執行署[9]與該區域、國家或其他國際組織計畫之權責單位續行後續補助締約事宜。一般而言，本方案補助爲期二年以上，並於補助契約簽定後，由 REA 統整及負責本方案之相關行政程序與連繫。[10]

3. 創新培訓網絡

所謂創新培訓網絡（Innovative Training Networks, ITN）係各歐盟會員國境內科研機構、研究組織或民間企業形成之整合型研究資源網絡，透過此項網絡之組成，藉以提供各界研究者所需之研究資源、補助資金或技術實習交流機會……等。ITN[11] 之各研究機構不得逕行提供補助資金或相關資源於其機構所屬之研究員，僅能對外徵求符合補助培訓資格之研究者，此項限制之目的在於促進國際間人才交流。

創新培訓網絡之人才培育補助，主要針對研究資歷未逾四年、具碩士資格或準博士年輕研究者所設計之培育計畫。其主要在於培育尙未獲博士學位之年輕學者且提供較具吸引力之研究產業培訓；透過歐盟及鄰近國現有之公私立優秀初期研究人員培訓機構建立跨國性之網絡機制。藉由加強所延攬研究員與學術及企業機構之互動，拓展研究培訓範疇，以提升研究者之研究能量。[12] ITN 可視研究者需求提供所需之培訓模式。[13]

4. 創新研發機構交換方案

MSCA 透過專款補助機構間研究員交流與互換模式，促

成跨部門資訊分享及研究員移動，以消弭雙方資訊及技術差異促成研發資源整合與運用，以下就本方案合作模式、參與機構資格與特性說明之：

- **合作型態及申請要件：以研究員派任交換為主要合作方式**

　　所有參與單位應分屬不同領域及專長，應至少包括學研機構和企業。而在研究主題方面，參與交換之機構應就該項主題共同研提研究企劃書，以機構名義與歐盟或鄰近國家之參與單位簽署合作計畫案，派任單位人員參與此計畫。受派任人員需為被所屬單位僱用六個月以上之在職員工，並於計畫四年執行期間派任其所屬研究員至參與機構（歐盟或歐盟鄰近國）進行研究合作，派任期間為一至十二個月（可分在四年內完成）受派任研究員可獲歐盟提撥每月二千歐元之薪資，派任後需回原單位述職。

- **合作單位資格：產學研機構、與非歐盟國家皆可參與**

　　學研機構、企業皆可申請合作交換補助，參與單位相關資格說明：

1. 若合作機構係企業，應以研究績效為主要營利公司，公司規模並無限制。
2. 非商業部門可為下列機構：(1) 國家機構或組織如大學，非商業性質研究中心等；(2) 非營利研究團體；(3) 國際性歐洲組織；(4) 歐盟機構所轄研究中心；(5) 其他國際組織。

- **促進與非歐盟國家之研究交流：非歐盟國家參與規定**

　　為鼓勵跨國技術交流與人員交換，參與單位若非歐盟會員

國之第三國家則無參與國數量限制。依歐盟研究總署之相關規定，非歐盟會員國之第三國家可分為兩類：(1) 非高收入之第三國家，如多數非洲、南美洲國家，非高收入之第三國家認列依歐盟研究總署定期公布名單為準；(2) 與歐盟會員國有技術合作關係之高收入國家，例如美國、加拿大、澳洲、日本、新加坡等高收入國。在參與此項研究員交流計畫時，非高收入國家歐盟將提供差旅津貼與相關研發交流補助，而若參與技術交流國家為高收入之第三國時，該國研究機構進行技術交換時，除特殊原因外需自行負擔差旅經費。

- **合作機構間應建立商調機制**

　　前述相關申請與補助之限制外，創新研發機構交換方案要求合作機構間應建立商調機制，惟此商調機制之形式與作法，合作單位可依商調情況彈性調整之。例如：日本東芝公司與德國西門子間進行商調時，初期僅必要時電話聯繫，後期因共同技術研發部分，故形成較具組織之商調模式，每月除單位主管會議報告外，更有研究員研發進度研討等 [14]。

三、日本促進研發人才政策工具：日本全球技術交流計畫 [15]

(一) 透過與新興國家之技術交流過程，培養日本應用性研發人才、拓展新興國家市場

　　自 2014 年起，日本經濟貿易產業省委託海外產業人才育成協會（The Overseas Human Resources and Industry Development Association, HIDA）[16] 與日本貿易振興機構（Japan External Trade Organization, JETRO）[17] 共同執行每年招募約二百名具創新技術知識年輕研究者前往新興國家進行三至六個月技術交流（提供日本創新技術服務、於當地學習商業化運用知識），透過為期半年之技術研發、或合作推廣過程，協助日本國內具有創新技術知識人才以日本創新技術及服務為基礎，致新興國家為其設計創新產品或提供創新服務。

(二) 藉由技術交流衍生攬才效益，吸引具潛力之新興國家專業人才

　　另一方面，該計畫也向對日本創新產品與服務有興趣之新興國家人員至日本實習，以利其將創新產品與服務相關技術帶回與滿足其母國所需（參見圖 16.1）。本計畫透過交流開拓新興市場，達成培育應用性人才、吸引新興國家潛在專業人才等目的。[18] 茲就與本計畫相關申請資格、合作機構屬性與技術交流限制等細部規定依序說明如下：

1. 申請資格

　　全球技術交流計畫申請資格應符合下列兩者之一：(1) 具日本公民資格之大學生或研究生；(2) 或受僱於日本境內公司或研究組織社會人士。而在合作單位性質上，本計畫於合作機

構之屬性上相異於純學術研究交流，可申請於政府機構、中小企業或在地日商等。

2. 相關規定

最後，於合作過程中，本計畫規定研究者僅能於該單位或附屬地點進行研發或技術推廣，未經日本經濟貿易產業省或產業人才育成協會之同意，合作單位不得調動研究者從事非約定之技術研發或推廣相關事務工作，並於交流期間合作方應提供完整之工作訓練證明。若應技術研發或推廣需要，應派任至其他機構或組織從事相關合作事項，該合作方應全權負責研究者之人身安全與相關事宜。此外，HIDA 及 JETRO 於地主國增設海外辦公室，該辦公室於技術交流期間，提供地主國與海外研究者必要之問題諮詢與協處，並進行適時危機處理。

(三) 日本政府提供資金補助地主國進行跨國交流育成

為促進跨國技術交流合作與育才效用，日本經產省會支付地主國技術育成津貼，每位研究者每天五千美元費用。該項費用應用於支付研究者涉入與技術研究或推廣相關支出（交通費、國內差旅、訓練費用）等，扣除研究者必要支出外，剩餘費用歸屬於該新興國家之合作單位所有（參見圖 16.2）。依據日本經產省公布最新之技術交流人數統計，截至 2015 年為止，本項技術交流計畫已成功派遣一百九十一位研究者於新經國家進行為期半年之跨國研習（參見圖 16.3）。

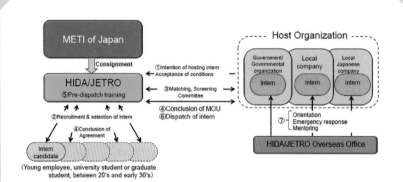

資料來源：METI Global Internship Program2015, JETRO, 3 https://www.jetro.
　　　　　go.jp/ext_images/peru/topics/20150217411-topics/1.pdf (last visited
　　　　　April 24, 2017).

圖 16.1　日本全球技術交流計畫圖

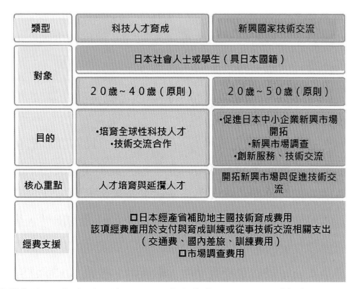

資料來源：〈事業の概要〉, 国際即戦力育成インターンシップ事業，http://intern.
　　　　　hidajapan.or.jp/career/program/index.html（最後瀏覽日：2017 年
　　　　　4 月 23 日）

圖 16.2　日本全球技術交流計畫類型圖

191名のインターンを2.5ヶ月から6ヶ月の間、17か国へ派遣しました。
インターンは若手社会人、学生を対象としていました。

国	総計	インターン属性			派遣先属性					申込型		性別	
		社会人(推薦あり)	学生	社会人(推薦なし)	政府	民間企業	国営企業	業界団体	その他	公募	提案	男性	女性
ベトナム	48	26	21	1	6	31	3	3	5	40	8	37	11
インド	29	9	16	4	0	22	0	3	4	25	4	19	10
インドネシア	23	18	5	0	1	19	2	1	0	15	8	19	4
バングラデシュ	21	3	17	1	1	8	4	4	4	21	0	13	8
フィリピン	19	13	6	0	1	12	0	1	5	11	8	14	5
ミャンマー	14	5	6	3	2	10	0	2	0	13	1	6	8
マレーシア	10	6	4	0	0	6	0	4	0	8	2	7	3
トルコ	6	5	2	0	2	5	0	0	0	3	4	6	1
スリランカ	6	1	5	0	2	3	0	1	0	4	2	4	2
ペルー	2	1	1	0	0	0	0	0	6	6	0	2	4
エクアドル	1	0	1	0	0	0	0	1	0	1	0	0	1
コロンビア	1	1	0	0	1	0	0	0	0	0	1	1	0
カンボジア	1	0	0	1	0	1	0	0	0	1	0	1	0
ラオス	1	1	0	0	0	0	0	1	0	1	0	1	0
セルビア	1	0	1	0	0	0	1	0	0	1	0	0	1
ザンビア	1	1	0	0	0	0	0	1	0	0	1	1	0
計	191	94	87	10	17	117	11	21	25	152	39	132	59

(社会人(推薦あり)のうち中小企業4名) 大企業50名、その他2名　*派遣先は150機関（複数受入した機関があるため）

<公募型> ウェブ上に公開された受入機関候補リストから応募者が派遣希望先を選定して応募する方法
<提案型> 応募者が自らの希望する受入機関候補を探し、予め受入の合意を得た上で、受入核機関の提案とともに応募する方法

資料來源：　經濟產業省委託 2014 年度貿易投資促進事業「國際即戰力育成インターンシップ事業」事業の成果〉，海外產業人才育成協会／日本貿易振興機構，平成 27 年 3 月，頁 3。

圖 16.3　日本全球技術交流計畫效益圖

四、代結論：歐盟及日本促進研發資源連結與運用之特色作法

在科技創新競爭局勢日益激烈的今日，如何促成各界優秀研發人才投入產業技術研究發展，或達成培育符合研發需求人才等議題，已為各國所重視。然而，由於各國產業創新體系與科技發展方向不盡相同，進而衍生不同之激勵研發人才之政策或模式設計，政府於各項政策推動之規劃與施力點亦有區異。

此外，不同於 1980 年初期各國政府偏重基礎性研究補助，現今各國人才培育皆著重應用性、技術性人才之培育補助，以及跨國技術經驗之交流合作。在促進跨國研發合作與技術交流

上，歐盟 Horizon 2020 提供非歐盟國家參與 MSCA 技術交流機會，除培育可供歐盟科技研發計畫所用之研發能量外，更藉此促進跨國技術交流，影響跨國人才培育或技術交流之發展動向，使其於國際性研發合作上扮演舉足輕重之角色。

資料來源：作者自行整理

圖 16.4　歐盟及日本促進研發創新人才政策特色圖

注釋

1. Europe 2020 indicators - research and development, Eurostat statistics Explained,.http://ec.europa.eu/eurostat/statistics-explained/index.php/Europe_2020_indicators_-_research_and_development (last visited April 24, 2017).

2. 請參見〈國家科學技術發展計畫〉（102 年至 105 年），行政院，http://www.ey.gov.tw/News_Content.aspx?n=F8BAEBE9491FC830&s=08C6B9C0833F942E（最後瀏覽日：2017 年 4 月 24 日）。

3. 請參見〈產業升級轉型行動方案〉，行政院，http://www.ey.gov.tw/Upload/RelFile/26/719762/e5fe516d-17b7-4e23-b9e0-4865f6879743.pdf（最後瀏覽日：2017 年 4 月 24 日）。

4. Marie Skłodowska-Curie Actions (MSCA), European Commissiom, https://mscabusiness.teamwork.fr/ (last visited April 24, 2017) .

5. Horizon 2020 為延續 FP7 歐盟計畫多邊合作科研計畫。Horizon 2020 於 2014 年 1 月 1 日起正式啟動，計畫期限至 2020 年 12 月 31 日。此計畫架構項下綜整 3 大精神主軸涵蓋 12 項重點領域。在此項歐盟科研計畫中我國可以第三國家（Third country participant）身分參與執行。國內學者經審查通過後可依領域別向國內或歐方規定機制獲得補助。

6. Marie Skłodowska-Curie actions, Horizon 2020-The EU Framework Programme for Research and Innovation, http://ec.europa.eu/programmes/horizon2020/en/h2020-section/marie-sk%C5%82odowska-curie-actions (last visited April 24, 2017).

7. EUROPEAN COMMISSION[EC], Marie Sk odowska-Curie Actions Horizon 2020 Work Programme 2016-2017, 4-6 http://ec.europa.eu/research/participants/data/ref/h2020/wp/2016_2017/main/h2020-wp1617-msca_en.pdf (last visited April 24, 2017).

8. Id., at 12-14.

9. Research Executive Agency, http://ec.europa.eu/rea/index_en.htm (last visited April 24, 2017)

10 Supra note 7, at 20-22

11. 所謂創新培訓網絡，係鼓勵各歐盟會員國境內科研機構或研究組織研究機構形成整合型研究網絡。該網絡之成員將針對共同研究主題進行研究合作。創新培訓網絡組成之限制上要求應有跨國、跨領域之研究機構參與，並應有至少由一間民間企業共同組成。

12. Supra note 7, at 7-9.

13. Supra note 7.

14. Supra note 7, at 16-18.

15. METI Global Internship Program, http://intern.hidajapan.or.jp/english/ (last visited April 24, 2017).

16. The Overseas Human Resources and Industry Development Association(HIDA), http://www.hidajapan.or.jp/hida/en/ (last visited April 24, 2017).

17. Japan External Trade Organization (JETRO), https://www.jetro.go.jp/en/ (last visited April 24, 2017).

18. FY2015 METI Global Internship Program Completion Reports of Internship, Ministry of Economy, Trade and Industry (METI), http://intern.hidajapan.or.jp/career/images/pdf/intern_case2015eng_160401.pdf (last visited April 24, 2017).

19. METI Global Internship Program2015, JETRO, https://www.jetro.go.jp/ext_images/peru/topics/20150217411-topics/1.pdf (last visited April 24, 2017).

17 法規調適與監理沙盒
——日本產業競爭力強化法之觀察

郭戎晉

一、法規監理沙盒機制

　　法制的完備度已成為當前檢視一個國家整體競爭力的重要指標，但法規的完備與否，不僅是探討法規的有無，還包括既存的法制規範是否契合產業的當前發展需求。近期監理沙盒（Regulatory Sandbox）受到各國高度重視，就「沙盒」一詞而言，其原意是指電子計算機領域下的安全機制，針對電腦程式運作提供一個隔離環境，以利將來路不明、具破壞力或無法判定程式意圖的特定程式，暫先獨立於一個受限的系統環境之中，其後衍生為法規遵循層面的實驗機制。自 2015 年英國率先提出金融監理沙盒機制以降，目前包括澳洲、新加坡、香港、泰國及馬來西亞等國也相繼跟進推動。

　　金融領域高度強調監理沙盒的主因，大抵受到金融科技（FinTech）本身破壞式創新（Disruptive Innovation），對傳統金融服務版圖產生的劇烈衝擊。然而存在先試先行需求者，並

不僅止於金融科技，諸如共享經濟等網路創新商業模式，或是大數據（Big Data）、人工智慧（Artificial Intelligence, AI）等前瞻技術應用，法制規範可望作為相關創新概念的推手，抑或反可能成為發展過程中的絆腳石，在相關商業模式實際運作或嶄新技術具體應用前，實難以事前預見法律的適用結果。在此之下，「非金融領域」或「不限行業別」的法規沙盒機制，也隨之受到關注。

日本內閣總理大臣安倍晉三於 2012 年 12 月組成第二次安倍內閣以降，勁力推動被喻為「安倍經濟學」的系列性政策措施，其中最重要的當推「安倍三支箭」，具體包括：（一）擬掃除通貨緊縮心理的「大膽的金融政策」（第一支箭）；（二）擬點燃經濟動能的「機動的財政政策」（第二支箭）；以及（三）擬喚起民間投資的「新興成長戰略」（第三支箭）。

在居關鍵角色的新興成長戰略部分，進一步觀察日本政府近年具體推動事項，便可發現上述的新興成長戰略事實上即聚焦於「法規鬆綁」，透過法規層面的突破與自由化，藉以強化日本整體競爭力。除了透過法規調整帶動經濟成長動能此一主要目標外，還包括了在法規適度鬆綁下，吸引外資來日投資。而其中的主要成果，便是以「企業」為推動單位所制定的《產業競爭力強化法》，也成為現階段各國立法中，作為「非金融領域」沙盒的代表性機制。

二、「三層式法規改革架構」之提出

　　日本經濟再生本部於 2013 年 10 月決議通過「成長戰略現時實行方針」（成長戦略の当面の実行方針）[1]，指出透過安倍第一支箭及第二支箭關聯政策的實施，已使得日本逐步朝向脫離通膨緊縮、經濟復甦的成長軌道邁進，爲利打造前瞻的日本經濟，帶動更進一步的商業投資與強勁之消費力道，日本政府決定強化並加速作爲安倍第三支箭重要基石的日本再興戰略之推動，著眼結構性改革的方向及內容之具體化，揭示五大具體推動措施，同時向臨時國會提出了包括《產業競爭力強化法》及《國家戰略特區法》等數部重要法案。

　　上述的「成長戰略現時實行方針」，共揭示了五大具體行動方案，分別爲：（一）出於「規制、制度改革」目標之基礎環境整備；（二）民間投資、產業新陳代謝之促進；（三）僱用制度改革與人才力之強化；（四）基於構造改革等措施從而創造戰略市場；以及（五）地方成長戰略的推動及中小企業、小規模事業者之革新。其中，針對居首的規制、制度改革基礎環境整備環節，日本政府更具體揭櫫所謂的「三層式結構」（三層構造）概念，透過相關法案的推動，創設「三層結構」的法規範暨制度改革之必要基礎環境[2]。

表 17.1　三層式法規改革架構

推動策略		關聯法規
三層式架構	創設「國家戰略特區」 （戰略地區單位）	國家戰略特區法
	創設「企業實證特例制 度」 （企業單位）	產業競爭力強化法
	創設「灰色地帶消解制度」 （全國單位）	
藉由「規制改革會議」與「產業競爭力會議」共 同合作，進一步推動改革工作		內閣府設置法、產業競 爭力強化法

資料來源：作者自行整理

　　日本知名智庫機構「野村綜合研究所」曾受日本經濟產業省委託，針對以「企業」為對象所推動的法規改革，進行廣泛地實務調查，研究報告指出在相關法規調適推動工作所面臨的主要課題，具體包括：各種行業法規訂有嚴格的資格要求，囿於要求過高，法規本身實有未能契合市場需求之情形；而面對新興科技發展，諸如自律型機器人（ロボット・モビリティ）等嶄新技術，現行法亦可能與國際規範存在差異，此外，還包括法規與當前已達到的科技實驗水平（実証レベル）已產生差距，以及在規範過於嚴峻之下，導致可具體實作的業者，事實上十分有限[3]。

　　由於過往法規調適的推動，多是以公部門角度看待產業需

求，析言之，其呈現上對下的處理模式，但《產業競爭力強化法》則是全盤翻轉此一思維，改以企業爲核心，讓企業透過《產業競爭力強化法》可得直言其在創新發展上所遭致的法規適用疑義或阻礙，並敦促相關主管機關儘速釐清，或視必要爲企業創設所謂的法規特例。

三、法規灰色地帶消除制度

日本《產業競爭力強化法》的第一個重要工具，是所謂的「灰色地帶消除制度」，針對企業擬投入或展開的創新活動，確認是否須適用特定法規，以及在適用的前提下可能受到的限制。就灰色地帶消除制度定位而言，誠如日本經濟產業省所述，係爲「創設一個讓事業是否適用現行規制未臻明確時，亦可安心進入新興領域之措施」[4]。

《產業競爭力強化法》第 9 條第 1 項明確規定「欲實施新事業活動之人，就其擬進行的新事業活動及關聯事業活動所涉及之法律及法規命令，可依據主管機關所訂省令向主管機關請求解釋，以及請求確認該等新事業活動及關聯事業活動有無相關法規範之適用」，基於此一機制，事業對於擬投入的創新事業活動，便可預先確認可能涉及的法制規範爲何，並可就規範本身未臻明確之處請求主管機關進行解釋，或說明有無適用該等規範之必要，以事前防範展開創新事業活動開始後可能衍生之法律風險。

就筆者觀察，日本法規灰色地帶消除制度值得留意之處有二：

（一）設定明確的處理及回覆期限

為利法規適用不明確之處得以儘速確認，依《產業競爭力強化法》第9條第2項規定，主管機關必須於接獲前述請求之日起一個月內，就企業詢問事項進行回覆。

（二）企業得諮詢的法規範疇，不限於單一部會為限

由於創新事業活動所涉及的法律規範，可能超出目的事業主管機關的職掌範疇，《產業競爭力強化法》第9條第3項另行規定，「接獲第一項請求之目的事業主管機關，若發覺法規解釋以及有無該等規範適用一事，屬於其他部會職掌時，應毫無遲延地向相關部會首長進行確認」，而無論是原始受理的部會，抑或關聯法令部會，其回覆期間亦為接獲請求之日起一個月內。

無論新事業活動所涉法規範，僅為目的事業主管機關抑或將涉及其他部會之職掌，若目的事業主管機關最終的回覆內容，係無須適用相關法律規範，則事業自然可直接展開其擬投入的創新事業活動。但若主管機關告知須適用相關法律規範，此時事業可評估進一步提出「企業實證特例制度」之申請，在確保必要安全性的前提下，與主管機關協商創設必要的法規特例[5]。而自2014年《產業競爭力強化法》正式施行以降，根據

日本經濟產業省公布資料，截至 2016 年 12 月爲止，日本政府累計受理了八十一件灰色地帶消除申請案件，並就各該申請案作成法令適用與否之具體回覆[6]。

四、企業實證特例制度

若企業有意推動創新事業活動（新事業計畫），無論是否依循灰色地帶消除制度，向主管機關請求就所涉法規進行解釋或請求說明有無適用之必要，當企業確認應受到特定法規拘束，但現階段恐無法全然符合相關法規要求時，即可尋求《產業競爭力強化法》設置的第二項重要工具，亦即企業實證特例制度。

所謂的「企業實證特例制度」，簡言之係指在確保安全無虞的前提下，由企業端所發動並以「企業」爲單位所採取的特例措施，希冀藉著法規特例的創設，助益創新事業活動的儘速展開。依據《產業競爭力強化法》的設計，企業實證特例制度可概分爲下列三個主要運作階段：

（一）協商創設「法規特例」

企業實證特例制度本質是針對企業實施創新事業活動可能遭遇的法規適用問題，包括其所須適用的法規以及在各該法規下所受到之限制，請求主管機關具體創設法規層面的特例措施。依據《產業競爭力強化法》第 8 條第 1 項規定，由企業向

其目的事業主管機關請求創設新的法規特例措施，若主管機關評估後認定有設置新的特例措施之必要時，應毫無遲延地將其決定及措施內容，通知請求者並對外公告。

此外，企業實證特例制度與法規灰色地帶消除制度相同，由於創新事業活動所涉及的法律規範，可能超出目的事業主管機關的職掌範疇，對此，《產業競爭力強化法》第 8 條第 3 項以下亦設計了跨部會機制，過往企業遇有法規適用爭議時，往往必須逐一與個別部會進行溝通，無形中耗去諸多時間與勞力成本，日本新制設計著實有效提升了法規調適的效率。

（二）新事業活動計畫之認可與展開

企業經由申請、討論與協商，由主管機關創設「法規特例」後，便可在相關法規特例的基礎上，依據《產業競爭力強化法》第 10 條第 1 項規定，進一步向主管機關提出「新事業活動計畫」的申請。

而所謂的「新事業活動」，依《產業競爭力強化法》第 2 條所作定義，指「由主管機關以省令規定，關於新興商品的開發或生產、嶄新勞務的開發或提供、商品本身的新興生產或新興銷售模式之引進、勞務之新興提供方式，以及其他新事業活動之引進，從而有助於強化產業競爭力者」，當企業提出的嶄新事業活動計畫，經過目的事業主管機關認可後，企業便可於申請書中所載明的實施時期內，具體實作其創新事業活動。

（三）以全國適用為考量，進行原始法規檢討

由於法規特例是考量企業在創新事業活動開展上，難以一開始即符合法令要求，因此設計特例措施，讓其在核定的範圍及時間內進行實驗性的運作。為利檢視相關法規特例措施的成果，《產業競爭力強化法》規定經核定的新事業活動計畫，應於實施終了後三個月內，就目標達成及法規特例措施的適用狀況，向主管機關進行報告。

由於針對創新事業活動所設置的法規特例措施，僅適用於特定申請人（單一企業），若經由試行運作後發現產業創新活動所涉及的法制規範，確有徹底檢討之必要時，《產業競爭力強化法》亦特別規定應以全國適用為考量點，檢討特例措施背後的法規範有無具體調適之必要。

依據《產業競爭力強化法》第 15 條第 1 項規定，「目的事業主管機關首長及關聯法令之行政機關首長，就創新事業活動所涉及之規範，對形塑該等規範的法律，以及基於相關法律所訂定之法規命令，應根據該法規特例措施的完善及適用狀況、各國規範限制現狀、技術進步狀況及其他有關情況進行檢討，並依據其檢討結果，採取撤除規範限制或基於規範鬆綁所需之相關法制措施」。

五、關聯重要機制：規制改革會議

　　日本政府於 2001 年依原有《內閣府設置法》第 37 條第 2 項規定的授權，由內閣府發布政令成立具跨部會協調性質之「審議會」（審議会），並具體命名為「綜合規制改革會議」（総合規制改革会議），成為日本在法規調適推動上最為重要的推動單位。儘管該審議會的名稱經過多次調整，日本內閣府持續以三年為度，持續召開具跨部會協調功能的審議會議。

　　當前的審議會為 2016 年 9 月開始運作的「規制改革推進會議」（規制改革推進会議），截至 2017 年 5 月 23 日為止，計已召開十八次的規制改革推進會議[7]。觀察其所處理的議題，代表性者如共享經濟下的旅館業暨民宿管理規範修正、法規調適公眾諮詢機制（包括網路直播）設置、行政程序之電子化、地方政府層級規制改革、旅客運送暨物流服務活化法規調適，以及遠距診療所涉法規調適等，廣泛涵蓋近年日本政府高度關注的各個熱門領域與焦點議題。

　　另一值得注意之處，係日本內閣府提出的「規制改革熱線」（規制改革ホットライン）概念。有鑒於規制改革工作必須能即時地回應整體環境及技術層面的變化，故全面性地受理來自於公民及企業的建言，實有其必要性，日本政府遂於內閣府網站設置了「規制改革提案（規制改革に関する提案）平台」，無論係團體抑或個人身分，均可不受時間及地域限制地透過網路向內閣府提出法規政策之興革建言[8]。根據內閣府發

布資料，自 2016 年 8 月至 2017 年 2 月爲止，近期合計收受五百四十四件規制改革提案，件數著實驚人[9]。

六、小結

安倍內閣就任以降，力推安倍經濟學並提出三支箭政策，在令各國驚艷的經濟成長效果展現後，如何讓相關成效持續發酵與延展，日本政府指出關鍵仍在於第三支箭的日本再興戰略，而其中最爲重要工作，便是持續進行規制改革工作。日本政府藉由設定明確的三層式法規改革架構與藍圖，其中最重要者的當爲法規灰色地帶消除制度與企業實證法規特例制度，打造適合日本國情與經濟發展需求的非金融法規沙盒機制。由於日本與我國同爲大陸法系國家，日本在消弭法制灰色地帶、打造友善創新活動的相關法制推動與具體設計，實值國內參考與評估採納之可能。

注釋

1. 首相官邸，成長戦略の当面の実行方針，網址：http://www.kantei.go.jp/jp/singi/keizaisaisei/pdf/housin_honbun_131001.pdf（最後瀏覽日：2017 年 5 月 10 日）。

2. 首相官邸，成長戦略の当面の実行方針の概要，網址：http://www.kantei.go.jp/jp/singi/keizaisaisei/pdf/housin_gaiyou_131001.pdf（最後瀏覽日：2017 年 5 月 1 日）。

3. 株式会社野村総合研究所，"企業主体"の規制改革制度に関する調査研究報告書，頁 53（2016）。

4. 日本経済産業省，産業競争力強化法逐条解説，頁 5、77（2014）。

5. 日本経済産業省，産業競争力強化法関連施策，網址：http://www.mhlw.go.jp/shinsei_boshu/gray_zone/dl/gaiyou.pdf（最後瀏覽日：2017 年 5 月 19 日）。

6. 経済産業省，グレーゾーン解消制度への申請案件，網址：http://www.meti.go.jp/policy/jigyou_saisei/kyousouryoku_kyouka/shinjigyo-kaitakuseidosuishin/result/release.html（最後瀏覽日：2017 年 5 月 19 日）。

7. 內閣府，規制改革推進会議 会議情報，網址：http://www8.cao.go.jp/kisei-kaikaku/suishin/meeting/meeting.html（最後瀏覽日：2017 年 5 月 3 日）。

8. 內閣府，規制改革に関する提案，網址：https://form.cao.go.jp/kokumin_koe/opinion-0009.html（最後瀏覽日：2017 年 5 月 3 日）。

9. 內閣府，受け付けた提案等に対する所管省庁からの回答：「規制改革ホットライン」，網址：http://www8.cao.go.jp/kisei-kaikaku/suishin/hotline/h_index.html（最後瀏覽日：2017 年 5 月 3 日）。

18 研發設施設備共享促進機制之法制研析

李祖劭

一、前言

為探討以政府補助研發計畫經費所購置之研究設施或研發設備建置共享機制，以活用國有之科技研發資源，鼓勵進行科技研究發展，增進國家競爭力，需進行國內外法制檢視。以下將就我國之研發設施設備共享機制之現況，以美國及日本為例，關於將國有研發設施開放共用之相關法制進行分析，俾供我國推動相關政策時借鏡。

二、美國研發設施設備共享機制

（一） 聯邦財產應用與行政服務法案

美國聯邦國有財產之相關法令，可參酌美國法典第四十篇，《公共建築、財產和工程篇》之相關規定，該篇之目的係在於提供聯邦政府於下列活動中，提供經濟且有效率的系統[1]。

　　依據《公共建築、財產和工程篇》第 524 條之規定，行政機關運用聯邦財產之責任，包括應維持適當的庫存管理機制、持續檢視其所控制之財產以辨別多餘財產，並即時回報予聯邦總務署之總務行政人員（Administrator of General Service）、妥善保護並處理多餘財產，以及依照總務行政人員之指示及授權，移轉或處理多餘財產[2]。

　　而依同法第 525 條之規定，聯邦機關不得以提供特定受讓人為目的，取得多餘動產（Excess Personal Property）。但該受讓人為特定之公共機關（Public Agency）及免稅非營利組織（Tax-exempt Nonprofit Organization）時，不在此限。但其情形以下列為限：1. 該受贈機關或組織須為執行依照特定目的，並附有特定終止條款之聯邦資助計畫；2. 該財產之取得，係為該贈與行為所需之用；3. 或該聯邦機關以該財產之原始取得價格之百分之二十五以雜項收款（Miscellaneous Receipts）之名義寄存於國庫[3]。

（二）　聯邦採購規範

　　在以政府資金購買研發設施設備補助大學院校或研究機構進行基礎或應用研究之情形，在美國法典第 31 篇《貨幣和財政篇》中即有授權行政部門，得將動產歸屬於非營利高等教育機構或是非營利科技研究組織之規定[4]。

　　《聯邦採購規則》（Federal Acquisition Regulation）第 35.014 條規定，美國聯邦政府部門與非營利高等教育機

構或是非營利科技研究組織如有簽訂 R&D（Research and Development）契約時，應於購置價值五千美元以下之研究設備，如得締約部門之事先核准，得自動由計畫執行單位所取得其所有權；購置價值五千美元以上之研究設備則得以契約訂定歸屬於執行單位，執行單位不負擔其他義務，但政府有權於計畫完成後十二個月內移轉於自己或第三方；如締約部門認為無法促進執行單位之研究計畫發展時，得約定歸屬於政府。如該研究設備係歸屬於執行單位，政府不得向該執行單位於任何既存或將來之契約中收取任何折舊、攤提或使用費用。如該契約係政府之設備安裝契約，且政府對該設備之需求在該契約完成後亦有持續性，該設備之所有權無需移轉予執行單位。

以美國聯邦政府預算之資金所購置之研發設備，若無任何之特別規定，其所有權之歸屬，當屬於聯邦政府所有，而成為聯邦政府之財產，當無疑義；惟在美國法典《貨幣和財政篇》中即對此原則進行鬆綁，賦予行政部門在基於補助非營利高等教育機構，或非營利科技研究組織進行科學研究時，其所購置之動產所有權歸屬於執行單位之權利，並且進一步在《聯邦採購規則》中具體規定。依該等設備之價格，補助單位將其所有權轉讓予契約執行單位所需遵循的不同規定，在該規範中則係以價格五千美金之設備為基準，行政部門得直接與執行單位約定由該計畫執行單位直接取得，行政部門得選擇保留將該研究設備於計畫完成後移轉於自己或第三方，或是約定將該研究設備之所有權直接歸屬於行政部門。

三、日本研發設施設備共享機制

(一) 日本《國有財產法》

依日本《國有財產法》（国有財産法）第 3 條規定，國有財產分為行政財產以及普通財產，行政財產分作公用財產、公共用財產、皇室用財產以及森林經營用財產，依該項第 1 款之規定，行政財產之公用財產為在國家中供國家的事務、事業及其職員居住使用或已決定供其使用之財產；行政財產之公共用財產為在國家中供直接公共使用，或已決定供其使用之財產；行政財產之皇室用財產為在國家中供皇室使用，或已決定供其使用之財產；行政財產之森林經營用財產為在國家中供森林經營使用，或已決定供其使用之財產。所謂普通財產，係指行政財產以外之一切國有財產。

關於日本對於行政財產之使用限制，日本《國有財產法》第 18 條規定禁止將行政財產出租、互易、出售、讓與、信託或作為出資的標的以及在行政財產上設定私權，與我國《國有財產法》第 28 條禁止主管機關或管理機關對於公用財產為任何處分或擅為收益之規定即屬相似。而關於行政部門以預算購置之研發設施設備之歸屬，原則上因係為國家事務所使用之財產，故應屬於前開所稱行政財產中之公用財產，因而受該條之限制，無法以收取管理費之方式與其他科技研發單位進行研發設施設備之共享。

（二）大學共同利用機關法人

為促進國有研發設施設備供大學院校之研究單位共同使用，日本並於《國立大學法人法》（国立大学法人法）中設有大學共同利用機關法人之規定，將大型研發設施設備，以及貴重文獻資料之收集及保存等有助於學術研究發展之研究機構，定為「大學共同利用機關法人」，其設施及設備，得提供予與該大學共同利用機關進行相同研究之大學教職員等利用[5]。

所謂「大學共同利用機關」，係指有關於該法所揭示之研究分野中，為促進大學學術研究之發展而設置供大學共同利用之實驗室[6]。而「大學共同利用機關法人」則係指以設置大學共同利用機關為目的[7]，依該法之規定設置之法人有別於國立大學法人，有其所應適用之獨立規定。其設置本身係以供大學院校共同利用，以促進大學院校之學術發展為目的。惟關於其組織之規定有別於一般之國立大學法人，大學共同利用機關法人在經營階層（役員）之任命、任期、消極資格、保密義務，以及經營階層與職員之地位等規定，則準用國立大學法人之規定[8]。

以法制面而言，因《國立大學法人法》中之法人就法律性質上為獨立行政法人[9]，而行政法人之基礎理論即係以脫離於政府組織之外之法人執行行政任務[10]，故原則上從屬於大學共同利用機關法人之研究設施設備，於日本《國有財產法》之定位，應無法歸類於供國家事務所用之行政財產之公用財產，因

其並非供公共、皇室，或森林經營使用，故應屬於該法第 3 條第 3 項所稱之普通財產，亦即依《國有財產法》對普通財產之相關規定，大學共同利用機關法人得以收取使用費之方式，建立研究設施設備之共用機制。

（三）　《特定尖端大型研究設施共用促進法》

　　為促進利用特定同步輻射研究設施（特定放射光施設）、特定超級電腦設施（特定高速電子計算機施設），以及特定中子輻射研究設施（特定中性子線施設）等研究設施 [11]，所特別訂定之《特定尖端大型研究設施共用促進法》（特定先端大型研究施設の共用の促進に関する法律，以下稱《尖端大型設施共用促進法》）。

　　該法之目的係在建立「尖端大型研究設施」（先端大型研究施設），設置被認為不適合於國立實驗研究機關，或進行研究之獨立行政法人中重複設置之高額經費購置的該研究領域中最尖端技術之研究設施設備，並於該研究領域中進行多樣化研究之活用，以發揮其最大之價值。

　　依據該法，文部科學大臣得指定「登錄設施利用促進機關」進行使用者選定業務以及使用支援業務，以促進該等特定尖端大型研究設施之共用 [12]。登錄設施利用促進機關即負有文部科學大臣所賦予之利用促進業務之實施義務，除非有正當理由，否則不得遲滯其利用促進業務之進行 [13]，且應每年就其業務作成實施計畫，並應受文部科學大臣之批准 [14]。

四、結論

　　綜合以上對美國及日本研發設施設備共享機制之探討，歸納得出兩國對於國有財產之研發設施設備建立共享機制。以美國《聯邦採購規範》爲例，其即授權行政部門得於與計畫執行單位簽訂研發契約時，同意自動將價值五千美元以下之計畫設備歸屬於計畫執行單位，並與計畫執行單位約定五千美元以上之計畫設備歸屬於該行政部門或計畫執行單位，或歸屬於計畫執行單位，但行政單位保留於十二個月內收回之權利。而在日本政府進行科研補助之研究開發委託契約書範本中，規定其補助資金之支出負擔單位即總務省，得請求計畫執行單位向其移轉計畫取得之財產。亦即在計畫執行單位移轉該等財產之所有權以前，仍係屬於計畫執行單位所有。美日兩國皆是以法規或契約之方式，直接將政府補助科研計畫中購置之研究設施設備所有權直接歸屬於計畫執行單位，使計畫執行單位能直接自行決定活化運用該等研究設施設備之方式。

　　此外，日本亦有將研發設施設備建置於獨立之法人，以開放研究單位使用之研究設施設備共享促進機制。《國立大學法人法》之大學共同利用機關法人，以及《特定尖端大型研究設施共用促進法》之尖端大型研究設施皆係以獨立行政法人之設置，將國有研究資源進行共享開放；而《技術研究組合法》之技術研究組合，則是透過開放國立大學法人及產業技術研究法

人與私人企業共同組成以科技研發爲目的之法人的方式，以增加國有研發資源對於民間之共享與近用。

綜上所述，外國在解決國有研發設施設備於建立共享促進機制之限制上，主要以兩種方式來針對國有的研發設施設備進行共享機制設置之活化運用，一爲將設備歸屬於研究單位，另一則爲建置以共享研發設施設備爲目的之特殊法人，以進行研發設施設備之共享。

於我國現行科研補助規範之架構下，以科專計畫之預算所購置之研發設施設備，僅能於計畫目的之範圍內，供受補助單位所用，亦因此有依《國有財產法》第 28 條及《國有財產法施行細則》第 25 條之規定，僅能於依計畫使用中進行收益之問題。參酌美國《聯邦採購規範》以及日本之研究開發委託契約書範本，針對特定條件之研發設施設備建立共享促進機制，使研發設施設備之運用更有效率。尤其日本《國立大學法人法》以及《特定尖端大型研究設施共用促進法》針對將大型研究設施，以特定之促進共享目的，組織成大學共同利用機關法人或是尖端大型研究設施之行政法人組織，以對國有研發單位進行研究設施之共享促進；或是《技術研究組合法》開放國立大學法人及產業技術研究法人與民間企業合組以技術研發爲目的之法人，以促進國有研發資源之開放進用。

注釋

1. 40 U.S.C. § 101 (1949).

2. 40 U.S.C. § 524 (1949).

3. 40 U.S.C. § 525 (1949).

4. 31 U.S.C. § 6306 (1982).

5. 《国立大学法人法》（平成 28 年法律第 38 号）第 29 条。

6. 《国立大学法人法》（平成 28 年法律第 38 号）第 2 条第 4 項。

7. 《国立大学法人法》（平成 28 年法律第 38 号）第 2 条第 3 項。

8. 《国立大学法人法》（平成 28 年法律第 38 号）第 26 条。

9. 李仁淼，〈國立大學法人化與大學自治〉，《月旦法學雜誌》，第 201 期，頁 28（2012）。

10. 董保城，〈行政法人在台灣發展之理論與挑戰〉，《憲政時代》，第 33 卷第 1 期，頁 44（2007）。

11. 《尖端大型設施共用促進法》第 2 條第 2 項即直接將所謂「特定尖端大型研究設施」定義為上列三間設施。

12. 《特定先端大型研究施設の共用の促進に関する法律》（平成 26 年法律第 67 号）第 8 条第 1 項。

13. 《特定先端大型研究施設の共用の促進に関する法律》（平成 26 年法律第 67 号）第 15 条第 1 項。

14. 《特定先端大型研究施設の共用の促進に関する法律》（平成 26 年法律第 67 号）第 6、13 条。

國家圖書館出版品預行編目資料

科技法制的十八堂課 / 財團法人資訊工業策進會
科技法律研究所著. -- 初版. -- 臺北市：資策會科
法所, 2017.09
　　面；　公分
ISBN 978-957-11-9400-4（平裝）

1. 科學技術　2. 工業法規　3. 論述分析

555.4　　　　　　　　　　　　　106015803

科技法制的十八堂課

主　　　編／陳世傑
編 輯 群／王怡婷、李祖劭、林佩瑩、林冠宇、許祐寧、郭戎晉、陳世傑、陳宏志、劉憶成
　　　　　　蔡佳穎、鄭嘉文、盧怡靜（依姓名筆劃順序排列）
編 輯 所／五南圖書出版股份有限公司

出版機關／經濟部
　　　　　　地址：台北市福州街15號
　　　　　　網址：http://www.moea.gov.tw
　　　　　　電話：02-23212200
出 版 者／財團法人資訊工業策進會科技法律研究所
　　　　　　地址：台北市敦化南路二段216號22樓
　　　　　　網址：https://stli.iii.org.tw
　　　　　　電話：02-66311000
　　　　　　傳真：02-66311001
　　　　　　email：stli@iii.org.tw
經 銷 商／五南圖書出版股份有限公司
　　　　　　台北市和平東路二段339號4樓
　　　　　　電話：02-27055066
　　　　　　傳真：02-27066100
　　　　　　e-mail：wunan@wunan.com.tw

　　　　　　政府出版品展售門市：
　　　　　　國家書店松江門市
　　　　　　104台北市中山區松江路209號1樓 / 電話：02-25180207
　　　　　　五南文化廣場台中總店
　　　　　　400台中市中山路6號 / 電話：04-22260330
　　　　　　著作權利管理資訊：經濟部技術處保有所有權利。
　　　　　　欲利用本書全部或部分內容者，須徵求經濟部技術處同意或書面授權。
　　　　　　其他類型版本說明：本書同時發行電子書，欲購買者請洽本書經銷商。

■2017年9月初版一刷

定價300元

ISBN　978-957-11-9400-4
GPN　1010601389